8. Wie schützen Sie Ihr Kind vor Chemie?

a. Ich stelle alle Arzneimittel immer oben in ein hohes Regal ☐

b. Ich bade mein Baby jeden Tag und verwende Puder, damit sein Po nicht wund wird ☐

c. Ich kaufe nur Spielzeug mit der orangefarbenen »spiel gut«-Plakette ☐

d. Kinderkleidung soll möglichst aus Baumwolle sein, damit ich sie oft waschen kann ☐

9. Mit welchen Farben malen Ihre Kinder?

a. Ich gebe ihnen Fingerfarben, weil sie daran auch naschen können ☐

b. Buntstifte ohne lackierte Oberfläche sind unbedenklich ☐

c. Am liebsten malen sie mit Filzstiften, weil es so viele schöne Farben gibt ☐

d. Wir stellen uns unsere Farben aus Tapetenkleister und Lebensmittelfarben selbst her ☐

10. Was tun Sie gegen »Unkräuter«?

a. Ich rotte sie mit Unkrautvernichtungsmitteln aus ☐

b. Ich lasse zu, daß in meinem Garten auch wilde Blumen und Kräuter eine Ecke finden, in der sie ungestört wachsen dürfen ☐

c. Ich jäte sie und setze sie als Düngejauchen oder Spritzmittel gegen unerwünschte Pflanzenschädlinge ein ☐

d. Auf meinem Rasen dürfen nur am Rand ein paar Kräutlein wachsen ☐

Das Ergebnis und die Bewertung der Fragen finden Sie auf der Vorderseite der Klappe.

Mach mit beim Umweltschutz

50 einfache

Katrin Behrend
Brigitte Schmelzer

Tips für den giftfreien Haushalt

So funktioniert Umweltschutz zu Hause: Hausputz ohne Chemie. »Sauber« waschen. Kein Gift in der Küche. Umweltschonend heimwerken. Gesund und umweltfreundlich wohnen. Natürlich schön und gesund. Kinder vor Chemie schützen.

Mit Tests und Umwelt-Lexikon

GU GRÄFE UND UNZER

CIP-Titelaufnahme
der Deutschen Bibliothek

Behrend, Katrin:
50 einfache Umwelt-Tips für den giftfreien Haushalt : mit Tests und Umwelt-Lexikon / Katrin Behrend ; Brigitte Schmelzer. - 1. Aufl. - München : Gräfe und Unzer, 1991
(GU-Ratgeber Umwelt)
ISBN 3-7742-1361-5
NE: Schmelzer, Brigitte:; Behrend, Katrin: Fünfzig einfache Umwelt-Tips für den giftfreien Haushalt; Schmelzer, Brigitte. Fünfzig einfache Umwelt-Tips für den giftfreien Haushalt

1. Auflage 1991

Redaktionsleitung: Hans Scherz
Redaktion: Renate Weinberger
Produktion: Johannes Schmidt-Thomé
Gestaltung und Satz:
Heinz Kraxenberger
Druck: Wagner
Bindung: Kraus
Papier: Biomatt 135 g/m^2
Chlor- und säurefrei, geliefert von Berberich-Papier GmbH;
Hersteller: Papierfabrik Toscolano
ISBN 3-7742-1361-5

Die Autorinnen

Katrin Behrend
Journalistin, Ratgeber-Redakteurin und Autorin erfolgreicher GU Ratgeber. Als Hausfrau und Mutter zweier Kinder hat sie sich tagtäglich praktisch mit dem Thema auseinanderzusetzen.

Brigitte Schmelzer
Redakteurin, seit 1982 beim Umweltmagazin »natur«. Zuständig für Dokumentation und den Bereich »natur praktisch« mit den Schwerpunkten »Essen & Trinken« und »Garten«.

Anmerkung der Autorinnen
An dieser Stelle möchten wir uns bei allen bedanken, die mit ihrer Arbeit entscheidende Beiträge für die Verbesserung des Umweltschutzes geleistet haben. So konnten wir bei der Erarbeitung dieses Ratgebers auf eine Fülle von Informationen zurückgreifen. Wir haben uns bemüht, aktuelle Daten und Fakten zu verwenden; die meisten beziehen sich auf die Bundesrepublik Deutschland vor der Wiedervereinigung, es konnten aber auch einige neue Zahlen aus der ehemaligen DDR berücksichtigt werden. Unabhängig vom Zahlenmaterial gelten die Umwelt-Tips für alle Länder, also auch für die anderen deutschsprachigen Länder Schweiz, Österreich und Südtirol.

Inhalt

Das teuerste Weiß unseres Lebens

Das Heim, ob Haus oder Wohnung, *ist unser ureigenster Lebensbereich. Hier richten wir uns ein, hier ziehen wir unsere Kinder groß, hier können wir nach Gutdünken schalten und walten.*
Daß wir uns dabei auch Chemie ins Haus geholt haben, ist mittlerweile allgemein bekannt, sicher aber noch nicht jedem von uns bewußt. Oder wissen Sie, welche Haushaltsgifte es bei Ihnen gibt? Sie stecken einfach überall: in Putz- und Waschmitteln, in Wandfarben, Teppichen und Möbeln, in Kosmetika, in der Kleidung, im Kinderspielzeug, in der Nahrung – die Liste ließe sich endlos weiterführen.
Es ist Zeit, *daß wir uns gegen die Schadstoffe zur Wehr setzen. Der erste Schritt dabei: Kritisch hinschauen bei den Produkten, die der Handel anbietet und nicht mehr wie einst der Werbung Glauben schenken. Jahrzehntelang hat sie uns erfolgreich eingeredet, wir könnten ohne diese Mittel nicht leben. Machen wir uns bewußt, daß vieles, was wir für die Sauberhaltung und Pflege unserer Wohnung, der Wäsche und des eigenen Körpers verwenden, schlichtweg überflüssig ist. Gewiß, es gibt inzwischen Hersteller, die auf besonders gefährliche Inhaltsstoffe verzichtet haben. Doch gerade unter den Ersatzstoffen sind manche ein Beispiel dafür, daß der Teufel häufig mit dem Beelzebub ausgetrieben wird. Wer all das bedenkt, dessen Entscheidung kann nur lauten: Soviel wie möglich weglassen und sich auf Mittel beschränken, die uns nicht schaden, aber dennoch wirkungsvoll sind.*
»Mach mit« ist die Devise *dieses GU Umwelt-Ratgebers. Er zeigt Ihnen mit seinen 50 Tips, wo Sie ansetzen sollten, um Ihren Haushalt so giftfrei wie möglich zu machen. Fangen Sie dort an, wo es Ihnen am leichtesten fällt, und prägen Sie sich ein: Je mehr Sie weglassen, desto besser schützen Sie sich und Ihre Familie, desto umweltgerechter ist Ihr Verhalten. Und das können Sie ohne besonderen Aufwand tun:*
- *Zum Beispiel schonend putzen: auf Sanitär- und WC-Reiniger verzichten, Herd und Backrohr mild scheuern, den Teppich saugen statt sprayen.*

• Zum Beispiel »sauber« waschen: Baukastenwaschmittel verwenden, Weichspüler weglassen, Flecken sanft entfernen, weniger waschen und mehr lüften.
• Zum Beispiel gesund und umweltfreundlich wohnen: keine Duftsprays verwenden, natürliche Materialien für Möbel, Vorhänge und Teppiche bevorzugen, in gesunden Betten schlafen.
***Alle Ratschläge dieses Buchs** sind leicht zu verstehen, einfach nachzuvollziehen und dennoch wirkungsvoll. Wenn Sie sich die Tips für Ihren Haushalt, Ihre Körperpflege und für den Schutz Ihrer Kinder zu eigen gemacht haben, dann geben Sie das Buch bitte weiter an andere, die sich bisher dafür noch nicht so interessiert haben: Freunde, Bekannte, Nachbarn – Mitbetroffene in Sachen Umwelt. Ein kleines Umwelt-Lexikon und ein umfangreiches Literatur- und Adressenverzeichnis im Anhang, ein »Umwelt-Test Haushalt« sowie ein »Gefahren-Quiz« auf den ausklappbaren Umschlagseiten des Buchs sollen allen den Einstieg in das Thema Umweltschutz im Haushalt erleichtern.*
***Gemeinsam können wir viel bewegen,** denn Umweltschutz beginnt in den eigenen vier Wänden. Hier haben wir alles in der Hand. Versuchen wir, um unserer Kinder willen, Schlimmeres zu verhindern und einiges zum Besseren zu wenden.*

Hinweise des Verlags:
In diesem Buch wird von der Verwendung stark umwelt- oder gesundheitsgefährdender Mittel abgeraten. Wenn Sie diese dennoch verwenden, bewahren Sie sie kindersicher auf und beachten Sie die Gebrauchsanweisung.
Die empfohlenen Mittel sind durchweg weniger schädlich, jedoch nicht in allen Fällen völlig ungefährlich. Beachten Sie daher die Hinweise auf Seite 9 und Seite 61 sowie jeweils in den einzelnen Kapiteln, und bewahren Sie auch diese Mittel in jedem Fall kindersicher auf.

Dieser GU Umwelt-Ratgeber wurde auf umweltfreundlichem Papier gedruckt. Umweltfreundlich bedeutet: Das Papier ist säurefrei hergestellt und chlorfrei gebleicht, biologisch abbaubar und kann mehrfach wiederverwendet werden.

Hausputz ohne Chemie

Verzichten wir beim Putzen auf alle aggressiven Chemikalien. Sie haben in einem gesundheits- und umweltfreundlichen Haushalt nichts mehr verloren.

Vor dreißig Jahren hätten wir bei so einem Spruch noch mit den Achseln gezuckt. Damals seufzten wir nämlich nach Heinzelmännchen, auf daß sie uns den lästigen Hausputz abnähmen. Und als uns dann die wundersamen chemischen Geister geschickt wurden, nahmen wir sie freudig auf. Auch als sie sich immer mehr spezialisierten, hatten wir nichts dagegen. Wir hielten das sogar für fortschrittlich und ließen sie bereitwillig Einzug nehmen in jeden Bereich, den sie zu putzen versprachen. Ach was, putzen. Glasklar, so riefen sie, citrusfrisch, porentief rein und so sauber, daß man sich drin spiegeln kann, würde alles sein.

Verführung zur Putzwut

Dabei übersahen wir, daß wir uns mitnichten auf die faule Haut legten, sondern zu einer wahren Putzwut verführt wurden. Nicht nur einmal wöchentlich, nein, tagtäglich mußte nun alles blitzen. Wo es doch so leicht geht mit diesen neuen Mitteln. Daß wir sie uns ganz schön was kosten ließen, merkten wir nicht.
Und erst recht merkten wir nicht, daß es sich keineswegs um harmlose Hausgeister handelte, die wir da gerufen hatten, sondern um harte Chemie.

WC-, Sanitär- und Abflußreiniger, Fußboden- und Teppichreiniger, Fensterputz- und Möbelpflegemittel, sie alle enthalten je nach Rezeptur unter anderem Tenside, Phosphate oder Phosphatersatzstoffe, Säuren, Laugen, Salze und organische Lösemittel. Chemikalien also, die zwar für uns sichtbar den Schmutz aus unseren Wohnungen befördern, danach jedoch für uns unsichtbar in der Raumluft schweben und in den Gewässern schwimmen.

- Über 350 verschiedene Schadstoffe, unter anderem aus Putzmitteln, wurden weltweit in der Raumluft festgestellt. Sie führen zu Hautallergien, Atembeschwerden, Schwindel und Brechreiz. Einige davon können Krebs erregen.
- Rund 670.000 Tonnen Putz- und Pflegechemikalien gelangen jährlich mit dem Wischwasser ins Abwasser.
- Etwa 10 Prozent aller Chlorverbindungen im Rhein stammen aus unseren Haushalten.
- Rund 40.000 Menschen, darunter 1500 Kinder, müssen jährlich wegen Verätzungen durch Haushaltschemikalien behandelt werden.

Keine Auskunftspflicht

Trotz dieser Gefahren geben die Hersteller nur sehr karg Auskunft über das, was in ihren Produkten steckt. Sie berufen sich auf den Patentschutz, auf die böse Konkurrenz und verweisen höchstens deswegen auf gesundheitliche Gefahren, damit man sie nicht schadensersatzpflichtig machen kann (→ Giftsymbole, hintere Umschlagseite). Unsere Kinder kön-

nen diese Hinweise allerdings nicht lesen. Wieviele von ihnen Schaden erleiden, davon wissen die Giftnotrufzentralen (→ Seite 88) ein trauriges Lied zu singen. Putzmittel müssen wir also genauso wie Arzneien immer wegschließen, damit sich die Kleinen nicht daran vergreifen können.
Die Klagen über soviel leichtsinnig gefährdete Gesundheit und über unsere arg geschundene Umwelt wurden auch von der Industrie wahrgenommen.
Sie mußte etwas unternehmen, denn immerhin geht es bei Putz-, Pflege- und Reinigungsmitteln um einen Warenwert von rund 2 Milliarden Mark jährlich. So gibt es heute Produkte, gegen die sich vom umweltfreundlichen Standpunkt her kaum mehr etwas einwenden läßt. Aussagen wie »Bio-Alkohol« oder »gesunde Sauberkeit mit umweltschonender Formel« sollten wir jedoch weiterhin skeptisch gegenüberstehen. Denn nach wie vor werden auch Mittel angeboten, die der Umwelt großen Schaden zufügen.

Zuviele Mittel

Und es gibt einfach zuviele Mittel. Diese Fülle produziert jährlich 1,3 Millionen Tonnen Verpackungen aus Plastik und Blech, die sowohl bei der Herstellung als auch bei der Entsorgung unsere Umwelt enorm belasten. Daher bieten einige wenige Firmen immerhin schon Nachfüllpackungen an.
Die Alternative könnte aber ganz anders aussehen. Nehmen wir das Putzen einfach nicht mehr so tierisch ernst, beschränken wir uns auf ein paar wenige Hilfsmittel und greifen wir wieder vermehrt auf die Tricks unserer Großmütter zurück. In vielen Fällen genügen Hausmittel wie Schmierseife, Allzweckreiniger, Handspülmittel, Spiritus, Essig oder Zitronensäure (Öko-Putzkiste, → Adressen, Seite 90). Dosieren wir alle Mittel so sparsam wie möglich. Und helfen wir mit Bürste, Scheuerschwamm, Wischtüchern und dem Schrubber fürs Grobe nach.
Ganz ohne Chemie geht es allerdings nicht. Und auch die umweltverträglichen und biologisch leichter abbaubaren Chemikalien oder Putzmittel können vergiften, verätzen, Brände verursachen oder explodieren und müssen von Kindern unbedingt ferngehalten werden.

- Essig-Essenz und Essig sind Säuren: bei längerer Anwendung und vor allem beim Erhitzen (Entkalken) auf jeden Fall lüften, nicht in die Augen spritzen.
- Schmierseifen können wie scharfe Laugen stark ätzen: mit Gummihandschuhen arbeiten.
- Spiritus ist brennbar: Achtung vor offenem Feuer.
- Salmiakgeist entwickelt gefährliche Ammoniakdämpfe, kann lebensgefährlich sein und ist zusammen mit Chlor explosiv.

Die folgenden Tips sollen Ihnen zeigen, wie Sie Ihren Hausputz im einzelnen mit weniger Chemie bewältigen können.

Bad putzen ohne Risiko

Es genügt vollkommen, wenn wir unser Badezimmer mit einfachen Mitteln reinigen.

Darum geht es:
Im Bad, wo es um die eigene Reinlichkeit geht, haben wir oft ein übersteigertes Bedürfnis nach Sauberkeit und Hygiene und setzen so aggressive Mittel wie Abfluß- oder Rohrreiniger ein. Bad- und Wannenreiniger enthalten häufig starke Säuren gegen Kalkbelag, dazu organische Löse- und Desinfektionsmittel, die Sprays überdies Treibgase. Sie alle können Verätzungen und Allergien verursachen, zudem belasten sie die Raumluft und das Abwasser. Weniger giftige Badreiniger wiederum sind in ihrer Rezeptur den Allzweckreinigern so verblüffend ähnlich, daß sie getrost durch diese ersetzt werden können.

Das können Sie tun:
- Alle abwaschbaren Flächen am besten mit einem seifenhaltigen Allzweckreiniger putzen.
- Hartnäckige Beläge und Flecken mit phosphatfreier Scheuermilch und einem groben Schwamm entfernen.
- Wassertropfen gleich trockenwischen. Das verhindert Kalkbelag.
- Kalkflecken auf Armaturen aus unbeschädigtem Chrom oder Kunststoff mit Haushaltessig oder der milderen Zitronensäure (1 bis 2 Teelöffel in ½ Liter Wasser auflösen) beseitigen.
- Hartnäckige Kalkränder rund um Wasserhähne über Nacht mit in dieser Lösung getränkten Tüchern umwickeln. Danach den Belag wegwischen und blank polieren.
- Seifenhaltige Reiniger nie zugleich mit Säuren wie Essig oder Zitronensäure benutzen, sonst entsteht eine schmierige Schicht. Getrennt anwenden und zwischendurch mit Wasser gründlich spülen.
- Verhindern Sie verstopfte Abflüsse (vor allem mit Haaren) durch Einsetzen von speziellen Abflußsieben.
- Ist der Abfluß doch einmal verstopft, zuerst sehr heißes Wasser hineingießen, das löst oft schon. Im übrigen sind Saugglocke, Spirale oder Abflußreinigerpumpe (→ Adressen, Seite 89) der chemischen Keule weit überlegen. Hinweis: Bei der Anwendung den Überlauf zuhalten, zum Beispiel mit einem Gummihandschuh.
- Spezial- oder gar Desinfektionsmittel für den sanitären Bereich sind schlichtweg unnötig. Übertriebene Hygiene ist sogar ungesund, da in einem keimarmen Lebensraum unsere Abwehrkräfte regelrecht eingeschläfert werden.

Und das gewinnen Sie:
Sie sparen Geld, denn Sie können Ihr Bad mit einfachen Mitteln sauberhalten. Damit schonen Sie sowohl Ihre Gesundheit als auch unsere Umwelt.

Über 200 Millionen Mark wurden 1990 in Deutschland für gefährliche Abfluß-, Rohr- und WC-Reiniger ausgegeben.

WC gefahrlos reinigen

Auch ohne chemische Keulen können wir unsere Toilette sauberhalten.

Darum geht es:
Damit das »stille Örtchen« als Aushängeschild für eine saubere Wohnung einen hygienisch einwandfreien Eindruck erweckt, fahren wir oft sehr scharfe Geschütze auf. Dazu benutzen wir Sanitär- und WC-Reiniger, die zu den gefährlichsten Haushaltschemikalien gehören. Nicht hinreichend bekannt ist zudem die Tatsache, daß die beiden Reiniger weder zusammen noch nacheinander angewendet werden dürfen. WC-Reiniger wirken gegen Kalk und Schmutz mit starken Säuren. Sanitärreiniger hingegen enthalten zur Desinfektion Natriumhypochlorit. Benutzt man nun beide Mittel nacheinander oder zugleich, entsteht Chlorgas. Es führt zu schweren Vergiftungen, die tödlich enden können. Hinzu kommt, daß jeder Reiniger für sich ätzend wirkt und nicht auf die Haut oder in die Augen gelangen darf.

Das können Sie tun:
- Ein neutraler Allzweckreiniger, Haushaltessig, Scheuermilch für Härtefälle und eine Klobürste reichen für die Reinigung der Toilette.
- Gegen Kalk in der Kloschüssel gießen Sie etwas Essig hinein, legen essiggetränktes Toilettenpapier über die nicht benetzten Kalkränder und lassen das ein paar Stunden oder über Nacht einwirken. Dann mit der Bürste nachschrubben. In hartnäckigen Fällen das Ganze wiederholen.
- WC-, Sanitärreiniger oder Desinfektionsmittel sind unnötig (→ Tip 1, Seite 10).
- Auch WC-Beckensteine und Wasserkasten-Zusätze sind überflüssig. Zudem können sie die Reinigungskraft der Klobürste nicht ersetzen.
- Verhindern Sie Verstopfungen, indem Sie im WC einen kleinen Abfalleimer für Dinge aufstellen, die keinesfalls ins Klo gehören wie zum Beispiel Windeln, Binden, Tampons, Zigarettenkippen und Essensreste. Fette und Öle, Farbreste und Lösemittel gehören in den Sondermüll. Auch Katzenstreu darf nicht ins Klo geschüttet werden, da sie große Schäden in der Kanalisation verursachen kann und biologisch nicht abbaubar ist.

Und das gewinnen Sie:
Wenn Sie so gefährliche Spezialmittel wie WC- und Sanitärreiniger aus Ihrem Haushalt verbannen, können Sie und Ihre Familie auch keinen Schaden nehmen. Jährlich verätzen sich rund 40.000 Menschen in Deutschland mit Haushaltschemikalien, darunter 1500 Kinder. Außerdem würden pro Jahr etwa 40.000 Tonnen WC-Reiniger und 24.000 Tonnen Sanitärreiniger weniger ins Abwasser gelangen.

Nach Schätzung des Bundesgesundheitsamtes erleiden jährlich 700 Menschen in deutschen WCs Chlorgasvergiftungen.

Fußbodenglanz mit Maßen

Wir schonen unseren Boden, wenn wir ihn mit weniger Chemie reinigen.

Darum geht es:
Wir Deutschen, heißt es, haben so saubere Fußböden, daß man darauf essen könne. Jedenfalls verbrauchen wir jährlich etwa 20.000 Tonnen Fußbodenreiniger und Pflegemittel, um diesen überaus strapazierten Bereich immer wieder von neuem auf Hochglanz zu bringen. Viele der Produkte bestehen aus einer Emulsion von Wachsen, Tensiden, Farb- und Duftstoffen, und manche enthalten organische Lösemittel, deren Dämpfe Gesundheitsschäden verursachen, wenn man sie einatmet. Zudem lösen sie aus manchen Kunststoffbelägen die Weichmacher heraus, lassen sie brüchig werden und einschrumpfen.

Das können Sie tun:
Hand aufs Herz: Müssen Sie auf Ihrem Fußboden essen können? Eigentlich genügt es, Staub und Schmutz zu entfernen, nicht nur aus Schönheitsgründen, sondern vor allem auch, um die Qualität Ihrer Raumluft zu verbessern (→ Tip 25, Seite 42).

- Einen normal verschmutzten Fußboden aus Kunststoff, Ton, Stein oder versiegeltem Holz brauchen Sie wirklich nur mit warmem Wasser und einem Spritzer Spülmittel zu wischen.
- Bei stärker verschmutzten Böden genügt ein Schuß neutraler Allzweckreiniger ins Wischwasser.
- Hartnäckige Fettflecken auf Kunststoff- oder Steinböden können Sie mit einer Schmierseifenlösung entfernen.
- Versiegelte Parkett- und Steinböden gelegentlich mit einer Pflegeschicht schützen. Benützen Sie dazu Produkte, die anstatt mit organischen Lösemitteln mit Wasser gelöst sind.
- Für unversiegelte Holzböden müssen Sie leider auf die lösemittelhaltigen Wachse zurückgreifen, da die wassergelösten das Holz zum Quellen bringten. Das gleiche gilt für die Reiniger, mit denen vorher alte Wachsschichten entfernt werden. Diese Pflegeschicht sollten Sie jedoch höchstens zweimal im Jahr aufbringen.
- Abzuraten ist von den sogenannten Wischglanzmitteln. Sie überziehen den Boden mit einem dünnen Kunststoffilm, der immer wieder mit großem Chemieaufwand entfernt und erneuert werden muß.

Und das gewinnen Sie:
Wenn Sie auf die überflüssigen Fußbodenreiniger und -pflegemittel verzichten, können Sie in Ihren Räumen wieder bessere Luft atmen. Würden nur alle westdeutschen Haushalte das gleiche tun, könnten wir zudem die Abwasserbelastung um rund 3 Prozent vermindern.

Teppich klopfen statt sprayen

Teppiche saugen, bürsten oder klopfen ist gesünder als mit chemischen Mitteln reinigen.

Darum geht es:
In über 90 Prozent aller deutschen Haushalte liegen textile Bodenbeläge. Da die meisten fest verlegt sind und nicht wie früher im Freien ausgeklopft werden können, reinigen wir sie mit dem Staubsauger. Doch gegen Flekken haben wir schnell Spray, Schaum oder Pulver bei der Hand. Sie werden auf dem Teppich verteilt und nach der Einwirkungszeit zusammen mit dem gebundenen Schmutz wieder abgesaugt. Oder wir shamponieren den ganzen Teppich mit einem flüssigen Reinigungsmittel.
All diese Mittel enthalten Tenside, teilweise organische Lösemittel und diverse Hilfsstoffe, die Allergien auslösen können und durchs Einatmen der Dämpfe Kopfschmerzen und Müdigkeit verursachen. So vermutet man einen Zusammenhang zwischen der Intensivreinigung von Teppichböden und dem sogenannten Kawasaki-Fieber, starken Fieberanfällen bis 40 Grad Celsius, die vor allem bei Kleinkindern auftreten.

Das können Sie tun:

- Reinigen Sie Ihren Teppichboden regelmäßig mit dem Staubsauger. Allerdings garantieren nur neue Geräte mit einem Mikrofiltersystem, daß auch die feinsten Staubteilchen aufgefangen werden. Ältere Geräte wirbeln den Feinstaub nur auf, worunter vor allem Allergiker und Asthmakranke leiden. Auf jeden Fall bei offenem Fenster saugen.
- Reiben Sie frische Flecken mit einem Teppichreststück, auf das Sie Spülmittellösung oder Gallseife geben, weg. Das funktioniert selbst auf hellen Teppichen.
- Bei losen Teppichen ist Teppichklopfen immer noch die beste Methode. Da bleibt der Staub auf jeden Fall draußen und belastet nicht Ihre Raumluft.
- Schieben Sie die erste Generalreinigung mit einem flüssigen Reiniger so weit wie möglich hinaus, oder lassen Sie sie lieber ganz bleiben. Behandelte Teppichböden werden schmutzanfälliger, weil klebrige Rückstände bleiben, die neuen Schmutz anziehen.
- Lassen Sie Ihren losen Teppich lieber waschen statt reinigen, sonst tragen Sie sich das giftige Reinigungsmittel Per ins Haus.

Und das gewinnen Sie:
Sie schonen Nerven, Zeit und die Haushaltskasse, wenn Sie auf Teppichreinigungsmittel verzichten. Gleichzeitig vermindern Sie die Gefahr von Allergien und Atemwegserkrankungen und schützen Ihre kleinen Kinder, die auf dem Teppich herumkrabbeln.

Nach Schätzungen landen jährlich über 160 Tonnen Behälter mit Resten von Teppich- und Polsterreinigungsmitteln auf dem Müll.

Fenster umweltfreundlich klar

Fensterscheiben können wir auch ohne Spezialmittel streifenfrei sauber putzen.

Darum geht es:
In seinem Gedicht »Zäzilie« läßt Christian Morgenstern die Frau von ihrem Dienstmädchen fordern, daß man nach dem Putzen der Fenster nicht genau erkennen dürfe, ob man durch Glas oder bloße Luft schaue. Nach diesem Ideal streben wir nach wie vor und kaufen Mittel, die uns streifenfreien Glanz versprechen. Er wird meist mit einem bis zu 30 Prozent hohen Gehalt von Alkoholen und Glykolen erreicht. Beigefügt sind kleine Mengen Tenside und oft auch Ammoniak zur Fleckenentfernung. Ammoniakhaltige Fensterreiniger werden häufig nur in gering verdünnter Form angeboten. Da Ammoniak stark schleimhaut- und augenreizend wirkt, kann das sehr gefährlich sein. Die Sprühflasche vor allem von Kindern fernhalten!

Das können Sie tun:

- Für normal verschmutzte Fenster genügt ein Eimer lauwarmes Wasser mit einem Schuß Spülmittel, Essig oder Spiritus (kein Brennspiritus!). Als Putzhilfen dienen Schwamm, Fensterwischer mit Gummilippe und ein Fensterleder, mit dem Sie mögliche Putzstreifen blank reiben. Das geht auch mit Zeitungspapier.
- Das Fensterleder bleibt weich, wenn Sie es nach Gebrauch in lauwarmem Salzwasser auswaschen und an der Luft trocknen lassen.
- Putzen Sie Ihre Fenster nicht genau dann, wenn die Sonne darauf scheint, sonst bekommen die Scheiben häßliche Schlieren.
- Ein altes Hausmittel gegen stark verschmutzte Fensterscheiben sind Zwiebeln (ungeschält). Diese halbieren und damit die Scheiben abreiben. Dabei die schmutzige Fläche immer wieder dünn abschneiden. Danach putzen. Diese Methode beseitigt auch Fliegendreck.
- Blinde Fensterscheiben bekommen Sie blank, indem Sie sie mit einem mit Oliven- oder Leinöl getränkten Wolltuch dünn einreiben, eine Stunde einwirken lassen, mit Seidenpapier nachreiben und dann wie üblich putzen. Das gleiche gilt auch für trübe Stellen auf Spiegeln.

Und das gewinnen Sie:
Sie putzen Ihre Fenster nach der beschriebenen Methode billiger und umweltfreundlicher als mit den im Handel befindlichen Fensterputzmitteln. Zusätzlich reduzieren Sie mit dieser Einsparung die Menge der 800.000 Tonnen Plastikbehälter, die jährlich auf dem Müll landen.

Fensterreiniger haben auf dem Putz- und Reinigungsmittelmarkt einen Anteil von immerhin 10 Prozent.

Möbel umweltschonend behandeln

Bei der Reinigung und Pflege unserer Möbel sollten wir die Raumluft schonen.

Darum geht es:
Möbelpflegemittel sollen Schmutz entfernen, Farben auffrischen, Kratzer überdecken oder in unbehandeltes Holz eindringen und eine staub- und wasserabweisende Schutzschicht bilden. Sie enthalten vorwiegend Öle, Wachse, teilweise auch Harze für Glanz und Schutz sowie geringe Mengen Tenside als Reinigungshilfen, dazu in den teuren Sprays noch bedenkliche Treibgase. Problematisch sind diese Mittel durch den Gehalt an organischen Lösemitteln, der zum Teil über 50 Prozent liegt. Diese belasten beim Verdunsten die Raumluft und führen eingeatmet zu Schleimhautreizungen, Kopfschmerzen, Schwindel und Brechreiz.

Das können Sie tun:
Um Holz wirkungsvoll und umweltschonend behandeln zu können, ist folgende Unterscheidung wichtig: Entweder sind die Oberflächen mit Polituren, Wachsen oder Lacken behandelt oder sie sind noch unbehandelt und offenporig.

- Bei schon behandeltem Holz genügt einfaches Staubwischen mit einem weichen Tuch. Flecken und stärkere Verschmutzungen können Sie mit einem angefeuchteten Lappen und notfalls ein wenig Handspülmittel entfernen. Gut trockenreiben, damit sich keine Wasserflecken bilden.
- Unbehandeltes Holz nimmt hingegen noch jeglichen Schmutz auf und quillt bei Feuchtigkeit. Schützen Sie es mit einer lösemittelfreien oder zumindest lösemittelarmen Möbelpolitur auf Emulsionsbasis. Je nach Oberfläche und Farbe können Sie auch unter den Pflegepolituren aus natürlichen Rohstoffen auswählen, wie zum Beispiel selbsttrocknende Öle (Leinölfirnis), Bienenwachse oder Naturharzöle. Lassen Sie sich vom Fachmann beraten, was für Ihre Möbel paßt und die Raumluft nicht belastet.
- Öffnen Sie beim Arbeiten mit Möbelpflegemittel die Fenster immer weit.
- Geölte Holzoberflächen sollten Sie von Zeit zu Zeit mit speziellem Möbelöl (zum Beispiel Teaköl) einreiben. Dadurch werden die Farben wieder aufgefrischt und auch kleine Kratzer unauffälliger.

Und das gewinnen Sie:
Wenn Sie Ihre Möbel, die aus einem der schönsten Naturprodukte, nämlich Holz, gebaut wurden, behutsam und umweltschonend ohne giftige Chemie behandeln, entlasten Sie die Luft in Ihren Räumen. Und tun damit sehr viel für Ihre Gesundheit und die Ihrer Familie.

Rund 1000 Tonnen Möbelpflegemittel werden jährlich in Deutschland produziert und verbraucht.

»Sauber« waschen, bügeln und Schuhe putzen

Noch reiner soll unsere Wäsche sein, blitzblank unser Schuhwerk. Wie sehr dabei unsere Umwelt leidet, darf uns nicht egal bleiben.

Als ich noch ein Kind war, wurde einmal alle vier Wochen die Wäsche gewaschen. Es war ein »Großkampftag«. Erst mußte die Wäsche stundenlang im großen Bottich kochen. Dann wurde sie gespült, viele Male, und dazwischen immer wieder ausgewrungen. Alles mit der Hand. Besonders schmutzige Stücke mußten auf dem Waschbrett noch extra gerubbelt werden. Eine anstrengende und schweißtreibende Tätigkeit.

Heute ist das alles einfacher. Wir haben die Waschmaschine, die sich von allein dreht. Wir haben Produkte, die von allein waschen. So weit, so gut, denn niemand wünscht sich wieder an den Zuber zurück. Doch mit dieser Erleichterung begann eine Entwicklung, die sich verheerend auf unsere Umwelt auswirkte.

Davon ahnte man 1907 noch nichts, als bei Henkel das erste selbsttätige Waschmittel erfunden wurde: Persil. Der Name setzt sich aus den ersten Silben des Bleichmittels Perborat und des Enthärters Silikat zusammen. Damals enthielt Persil noch Soda, dann Seife. Die wurde jedoch nach dem Zweiten Weltkrieg zunehmend von den neuen synthetischen Tensiden verdrängt, denn jetzt nahm die chemische Industrie die Sache in die Hand.

Saubere und weiße Wäsche, schon immer ein Statussymbol, wurde in unserem Wirtschaftswunderland erst recht dazu hochstilisiert. Kräftig rührten sich die Werbetrommeln, und die Sprüche, die dabei entstanden, waren in aller Munde. »Weiß, weißer geht's nicht!« »Das strahlendste Weiß Ihres Lebens.« »Porentief rein.« »Weißer als weiß.«

Um dieses Wäscheideal nun zu erreichen, wurde mit den Waschmitteln etliches angestellt. Neue Inhaltsstoffe kamen hinzu, Duftmittel, Schaumbremser, optische Aufheller, Farbkügelchen, Füllstoffe, die das Pulver rieselfähig machen, Enzyme, Stabilisatoren und vieles mehr. Daß sich hinter all den Namen chemische Formeln verbergen, war den wenigsten bewußt.

Wir wuschen immer öfter

Wir wuschen begeistert. Und weil es so leicht ging, wuschen wir vor allem immer öfter. Begnügte man sich in der Bundesrepublik 1960 noch mit jährlich 200.000 Tonnen Waschmittel, ist der Verbrauch bis heute auf über 800.000 Tonnen gestiegen. Mit 25 Kilogramm Wasch- und Reinigungsmittel pro Kopf und Jahr stehen wir Deutschen in puncto Waschfimmel weltweit auf den vorderen Rängen. Kein bewunderungswürdiger Rekord, seitdem wir wissen, daß sterbende Flüsse und Seen zum Großteil auf das Konto der Waschmittel gehen.

- 1,1 Millionen Tonnen Chemikalien fließen jährlich sowohl aus Waschmitteln als auch aus Weichspülern in die Abwässerkanäle.

- Aber nur 10 Prozent unserer Kläranlagen sind in der Lage, all diese Chemie abzubauen.
- Noch 1988 gelangten etwa 40.000 Tonnen Phosphate in Flüsse und Seen. Inzwischen ist durch den Gebrauch phosphatarmer Waschmittel die Belastung laut Bundesumweltministerium unter 5000 Tonnen gesunken.
- Pro Jahr landen aber 220.000 Tonnen Tenside im Abwasser. Synthetische Tenside, die hauptsächlich in Waschmitteln enthalten sind, lösen den Schmutz aus dem Gewebe. Für Fische und Wasserorganismen ist diese Wirkung indessen tödlich. Gerüststoffe enthärten das Wasser und verhindern Kalkablagerungen. Phosphate gelten als die idealen Gerüststoffe, doch seitdem bekannt wurde, daß sie für das »Umkippen« unserer Gewässer verantwortlich sind, wurde auf »phosphatfrei« umgerüstet.

Versprechungen der Hersteller

Es wäre allerdings weit gefehlt, nun von einem umweltfreundlichen Waschmittel zu reden. Das gibt es nämlich (noch) nicht. Trotz aller Versprechungen, die uns die Hersteller im Zuge der Umweltdiskussion machen. Nach wie vor stecken in den Produkten eine Fülle von Chemikalien und belasten tonnenweise die Umwelt, weil wir von dem uns eingetrichterten Sauberkeitsideal nicht lassen wollen. Es gibt lediglich weniger umweltschädliche Waschmittel – und uns steht die Möglichkeit offen, ihren Verbrauch drastisch einzuschränken.

Bewußter waschen

Denken wir doch einmal nach: Warum müssen wir alles gleich waschen? Bei vielem genügt oft nur auslüften. Muß bei jedem Fleck sofort das ganze Kleidungsstück in die Wäsche wandern? Eigentlich reicht es, nur ihn zu entfernen. Warum bestehen wir auf weißen Hemden, heller Kleidung, für deren Reinigung scharfe Bleichmittel eingesetzt werden müssen? Warum kaufen wir Synthetics, die um ihrer Pflegeleichtigkeit willen die Waschmaschine nur zur Hälfte ausnützen (→ Tip 7, Seite 18)?
Wenn wir uns in diesem Zusammenhang auch gleich fragen, warum wir zum Bügeln extra Sprays verwenden, wo doch Feuchtigkeit die beste Bügelhilfe ist, und weshalb wir unsere Schuhe eigentlich mit giftigen Lederpflegemitteln einsprühen und dabei unsere Gesundheit gefährden, dann müßte uns die Absurdität unseres Verhaltens erst so richtig ins Auge springen.
Fallen wir also nicht auf neues Werbegewäsch herein. Lassen wir uns nicht einreden, daß mit der Vorsilbe »Bio«, die jetzt allenthalben auf neuen Mitteln prangt, für die Umwelt alles in Ordnung gebracht ist. Wir selbst müssen etwas dafür tun. Dieses Problembewußtsein sollten wir alle aufbringen. Die folgenden Tips wollen dabei behilflich sein.

Waschmittel sparen

Wenn wir Waschmittel sparsam verwenden, können wir unsere Gewässer schützen helfen.

Darum geht es:
Wäsche, das suggeriert die Werbung, muß noch »weißer als weiß«, »porentief rein« und »aprilfrisch« werden. Um das zu erreichen, wird härteste Chemie eingesetzt. Tenside entlocken dem Gewebe den Schmutz, Gerüststoffe enthärten das Wasser, Bleichmittel machen Flecken unsichtbar. Weitere Hilfsstoffe regulieren unter anderem den Schaum oder lassen Weiß erst so richtig erstrahlen. Jährlich gelangen etwa 800.000 Tonnen dieser Chemikalien in unsere Gewässer und »waschen« dort weiter, was für Fische, Pflanzen und Wasserorganismen tödlich ist. Inzwischen sind 95 Prozent aller Hauhaltswaschmittel zumindest phosphatfrei. Umweltbelastend sind sie aber dennoch.

Das können Sie tun:
- Waschen Sie weniger häufig. Bei Sachen aus Naturfasern genügt oft nur Auslüften. Bei synthetischen Textilien bringt das allerdings nichts.
- Füllen Sie Ihre Wäschetrommel immer prall. Halbleere Maschinen verbrauchen unnötig viel Waschmittel, Wasser und Energie. Auch die Spartaste reduziert Wasser- und Energieverbrauch nur um ein Viertel. Ein weiterer Nachteil von Synthetics: Damit ihre Pflegeleichtigkeit zum Tragen kommt, dürfen sie nicht in vollbeladenen Maschinen gewaschen werden.
- Verwenden Sie Vollwaschmittel nur für weiße Kochwäsche, die extrem verschmutzt ist oder besonderen hygienischen Anforderungen genügen muß.
- Feinwaschmittel sind für normal verschmutzte Wäsche vorzuziehen, da sie weniger schädliche Inhaltsstoffe enthalten als Vollwaschmittel.
- Dosieren Sie sparsamer als angegeben. Zum Beispiel genügt es, bei Härtebereich 3 (Wasserhärte bei Ihrem Wasserwerk erfragen) leicht verschmutzte Wäsche mit der Menge Pulver zu waschen, die der Hersteller für den Härtebereich 1 empfiehlt.
- Verzichten Sie auf Vorwäsche und auf Weichspüler (→ Tip 10, Seite 21).
- Sie können stärker verschmutzte Wäsche in der Maschine einweichen, indem Sie das Waschprogramm unterbrechen oder, wenn vorhanden, das Einweichprogramm einschalten.

Und das gewinnen Sie:
Mit weniger Waschen und der richtigen Dosierung können Sie bis zu 5 Kilogramm Waschmittel pro Kopf im Jahr sparen. Das summiert sich in einem Vier-Personen-Haushalt auf durchschnittlich 60 Mark. Wenn das alle so machen, gelangen zudem über 300.000 Tonnen weniger Chemie in unsere Gewässer.

500 bis 600 Liter Trinkwasser verbraucht jeder Bundesbürger monatlich fürs Wäschewaschen.

Baukastenwaschmittel verwenden

Das Dreikomponentensystem garantiert soviel Sauberkeit wie möglich, aber nur soviel Chemie wie nötig.

Darum geht es:
Umweltfreundliche Waschmittel gibt es nicht, doch manche sind »harmloser« als andere. Nach Meinung der Umweltschützer gehören dazu die Baukastenwaschmittel. Ihr Prinzip: Die wichtigsten Waschmittelbestandteile gibt es extra. So lassen sie sich nach Bedarf miteinander kombinieren. Das Dreikomponentensystem besteht aus einem leistungsfähigen Basiswaschmittel, das immer nur für »weiches« Wasser dosiert wird, einem Enthärter, der gemäß der örtlichen Wasserhärte ergänzend eingesetzt wird, und einem Bleichmittel (oder Fleckensalz), das nur bei sehr verschmutzter Wäsche dazukommt.
Im Gegensatz zu herkömmlichen Vollwaschmitteln, die mit einem ganzen Arsenal von Inhaltsstoffen auffahren (→ Tip7, Seite 18), können mit guten Baukastenmitteln bei sinnvoller Anwendung der Umwelt unnötige Chemikalien erspart bleiben.

Das können Sie tun:
- Baukastenmittel gibt es schon fast überall. In Supermärkten werden Produkte konventioneller Firmen angeboten, während Sie in sogenannten Naturläden die seit längerem bewährten und konsequenteren Baukastensysteme einiger alternativer Hersteller erhalten.
- Unter den im Handel befindlichen alternativen Baukastenmitteln schneiden zur Zeit Flüssigprodukte mit reiner Seife vom ökologischen Standpunkt aus am besten ab. Außerdem können Sie Müll vermeiden, da in den Naturläden »Tankstellen« eingerichtet sind, an denen leere Flaschen wieder aufgefüllt werden können.
- Die Anwendung ist sehr einfach: Das Waschmittel wird grundsätzlich für den Härtebereich 1 dosiert. Enthärter wird nur dann zugegeben, wenn Sie härteres Wasser haben (bei Ihrem Wasserwerk nachfragen). Bleichmittel schließlich ist nur bei sehr schmutziger oder vergrauter Weißwäsche nötig.

Und das gewinnen Sie:
Durch den Einsatz von Baukastenmitteln werden Wäsche und Maschine besser geschont als mit herkömmlichen Waschmitteln, die man höher dosieren muß. Zudem können wir dem Abwasser jährlich schätzungsweise 70.000 Tonnen Enthärter und Bleichmittel ersparen.

Jeder Bundesbürger wirft jährlich 3,4 Kilogramm Verpackungen für Wasch- und Körperpflegemittel auf den Müll.

Flecken sanft entfernen

Gegen Flecken gibt es viele ungiftige und zudem billige Mittel, die in jedem Haushalt zu finden sind.

Darum geht es:
Wie ärgerlich, wenn auf der frischen Bluse oder dem Hemd ein Fleck prangt. Der muß natürlich weg. Mit dem Wundermittel gegen Flecken. Der Geruch müßte einem eigentlich signalisieren, was darin steckt: Per (Perchlorethylen) und Tri (Trichlorethylen), die in der chemischen Reinigung benutzt werden und zur Gruppe der Chlorkohlenwasserstoffe (CKW) gehören. Ihre Dämpfe sind giftig, und sie gelten als krebsverdächtig.
Doch auch einige Hausmittel sind nicht ganz unproblematisch. Zum Beispiel sind Spiritus oder reiner Alkohol sowie Benzin feuergefährlich. Salmiakgeist, ein hochwirksames Fleckenmittel, ist stark ätzend und darf nur verdünnt angewendet werden. Es versteht sich von selbst, daß die Mittel nicht in die Hände von Kindern geraten dürfen.

Das können Sie tun:
Grundsätzlich gilt: Am besten lassen sich Flecken entfernen, wenn sie frisch sind. Also rasch handeln!

- Spülen Sie jeden Fleck sofort mit kaltem Wasser aus, damit etwa vorhandenes Eiweiß sich nicht im Schmutz festsetzt. Das tut es nämlich, wenn Sie mit heißem Wasser darangehen.
- Bei der weiteren Behandlung spielen Stoffart und Farbechtheit auch eine Rolle. Zur Vorsicht erst einmal an einer unsichtbaren Stelle (Nahtzugabe) ausprobieren. Empfindlich sind vor allem Samt und Seide, aber auch mancher Kunststoff.
- Bei flüssigen Mitteln den Stoff auf eine saugende Unterlage (Frotteetuch) legen, damit der Fleck nicht von einer Seite des Kleidungsstücks auf die andere übertragen wird.
- Gallseife hat man als altes Reinigungsmittel mit einem breiten Anwendungsfeld wiederentdeckt. Sie ist aus Rindergalle hergestellt, die besonders fettlösend wirkt.
- Kölnisch Wasser eignet sich als mildes Mittel gegen Fettflecken.
- Saure Milch wirkt manchmal geradezu verblüffend gegen Obstflecken. Stoff solange einweichen, bis die Milch dick ist. Danach gründlich ausspülen.

Und das gewinnen Sie:
Sie sparen Geld, wenn Sie möglichst mit ungiftigen Mitteln gegen Flecken vorgehen, da Sie die meisten davon in Ihrem Haushalt finden. Und Sie lernen viel Interessantes, wenn Sie sich auch mit alten Hausmitteln beschäftigen.

Erst ab 1995 müssen alte Chemischreinigungen den Grenzwert für das giftige Per von bisher 25 Gramm pro Kubikmeter Luft in der Trommel auf 2 Gramm senken.

Wäsche weich machen auf natürliche Art

Wenn wir auf Weichspüler verzichten, haben wir der Umwelt gegenüber ein gutes Gewissen.

Darum geht es:
Das »schlechte Gewissen« all jener Mütter, die ihre Kinder in angeblich scheußlich kratziger Wäsche herumlaufen lassen, geht zu Lasten der Umwelt. Die wichtigsten Wirkstoffe in Weichspülern sind kationische Tenside. Sie bleiben auf der Faser haften und verleihen ihr einen weichen Griff. Da sie aber besonders fischgiftig sind, müssen sie in Kläranlagen mit hohem Aufwand abgebaut werden. Ein weiterer Nachteil ist, daß Handtücher zwar kuschelweich werden, dafür aber an Saugfähigkeit einbüßen. Hinzu kommt, daß weichgespülte Wäsche bei manchen Menschen Hautreizungen auslösen kann. Und noch eines: Beim nächsten Waschen müssen die kationischen Tenside von der Faser wieder entfernt werden. Dazu braucht man bei 4 bis 5 Kilogramm Wäsche etwa einen halben Becher Waschmittel mehr und beschert damit den Gewässern wieder mehr Chemikalien. Für Weichspüler spricht lediglich, daß sie bei synthetischen Fasern die antistatische Ausrüstung, ohne die Kleidungsstücke unangenehm kleben und knistern, nach jeder Wäsche erneuern.

Das können Sie tun:
Unser Rat ist denkbar einfach: Sie können Weichspüler ersatzlos streichen. Die sogenannte Trockenstarre existiert als Schreckgespenst nur in der Werbung. Selbst wenn Wäsche sich zunächst etwas hart anfühlen mag, zum Beispiel bei hartem Wasser, wird sich das bereits nach kurzem Gebrauch geben.

- Es genügt, die Wäsche gut zu schleudern und in einem luftigen Raum aufzuhängen oder noch besser an der Leine im Wind flattern zu lassen.
- Rubbeln Sie brettartig steife Handtücher oder Baumwollsachen ein wenig zwischen den Händen, dann werden sie wieder weich.
- Wenn Sie Weichspüler nur zur Erneuerung der antistatischen Ausrüstung brauchen, sollten Sie sich überlegen, ob Sie nicht lieber auf Synthetics verzichten wollen, als ständig die Umwelt mit schädlichen Chemikalien zu belasten.

Und das gewinnen Sie:
Keinen Weichspüler mehr zu benutzen heißt Geld sparen: durchschnittlich 18 Mark pro Jahr und Haushalt. Außerdem könnten wir dem Wasser pro Jahr rund 300.000 Tonnen dieser Weichmacher ersparen, dazu unzählige Plastikbehälter, die zusätzlich auf der Müllkippe landen.

Jährlich geben bundesdeutsche Haushalte rund 500 Millionen Mark für schlichtweg überflüssige Weichspüler aus.

Chemiefrei bügeln

Feuchtigkeit ist die beste Bügelhilfe. Mit allen anderen Mitteln belasten wir die Umwelt nur unnötig.

Darum geht es:
Zum Waschen gehört ganz unvermeidlich das Bügeln. Bügeln ist Handarbeit, die uns Maschinen nur zum Teil abnehmen können. Denn auch bei der Heißmangel müssen wir Hand anlegen, damit die Sachen glatt und in der richtigen Form wieder herauskommen. Doch die Industrie weiß Rat. Mit Bügelhilfen aus der Spraydose suggeriert sie uns, wie leicht und einfach Bügeln von nun an ist, sozusagen eine glatte Sache. Über den Inhalt erfährt man lediglich, daß es sich meist um Stärke, Gleitmittel, Duftstoffe und obendrein noch Konservierungsmittel handelt, welche, bleibt unklar. Früher wurde auch schon mal Formaldehyd eingesetzt. Wenn wir allerdings sogenannte knitterfreie Stoffe bügeln, bleibt uns das giftige Reizgas nicht erspart, denn 90 Prozent der Baumwolltextilien sind zugunsten der Pflegeleichtigkeit mit Formaldehydharzen ausgerüstet (→ Tip 22, Seite 27 und Tip 38, Seite 59). Bei Verschmutzungen der Bügeleisenfläche greifen wir zu speziellen Reinigern mit Ameisensäure – sie kann Verätzungen verursachen – oder zu Mitteln mit geheimnisvollen Spezialimprägnierungen.

Das können Sie tun:
- Schon durch sorgfältiges Wäscheaufhängen können Sie sich Bügeln ersparen. Glatt gezogene Unterwäsche oder Handtücher, die möglichst im Wind flattern, brauchen Sie gar nicht oder nur wenig zu bügeln.
- Blusen und Hemden auf Kleiderbügeln über Nacht ins Freie oder nach dem Duschen ins dampfende Bad gehängt, werden schon durch die Feuchtigkeit weitgehend geglättet.
- Bügeln Sie keine Baumwollbekleidung, die als »bügelfrei« ausgezeichnet ist. Sie enthält meist Formaldehyd. Wenn es dennoch sein muß, während des Bügelns gut lüften.
- Die beste Bügelhilfe ist Wasser. Sprengen Sie Ihre Wäsche vor dem Bügeln kurz ein, oder besprühen Sie den Teil, den Sie gerade bügeln wollen, mit einer Blumensprühflasche. Oder Sie benützen ein Dampfbügeleisen.
- Zur Reinigung etwas Salz in wenig Essig lösen, damit die Plättfläche des kalten Bügeleisens befeuchten, einwirken lassen und blank reiben. Oder das Bügeleisen längere Zeit auf ein mit Essig getränktes Tuch stellen und dann abreiben.

Und das gewinnen Sie:
Wenn Sie sich das Bügeln ohne chemische Hilfen leichtmachen, sparen Sie Zeit und Geld. Sie verbrauchen auch weniger Energie und ersparen der Umwelt den Verpackungsmüll unnötiger Produkte.

Eine Stunde Bügeln mit dem Bügeleisen verbraucht soviel Strom wie sich 2 Jahre lang täglich elektrisch rasieren.

Schuhe umwelt-schonend pflegen

Lederpflegesprays können gesundheitsbedrohend sein. Sie sollten sie besser im Regal stehen lassen.

Darum geht es:
Die Reinigung und Pflege von Lederschuhen lassen sich die Bundesbürger rund 140 Millionen Mark im Jahr kosten. Die meisten Cremes, Pasten und Emulsionen enthalten synthetische Farben und Wachse, Fluorcarbonharze als Imprägnierungsmittel und organische Lösemittel. Diese können Atemwege und Schleimhäute reizen, und einige gelten als krebserregend. Als lebensbedrohlich erwiesen sich Lederpflegesprays. Die Opfer mußten in Intensivstationen eingeliefert werden, und einige leiden immer noch unter Reizhusten und Kurzatmigkeit. Inzwischen wurden mehrere besonders schädliche Sprayprodukte vom Markt genommen, doch da bis heute unklar ist, welche Inhaltsstoffe oder Stoffverbindungen die Vergiftungen verursachten, ist der Gebrauch von Lederpflegemitteln aus der Sprühdose weiterhin risikoreich.

Das können Sie tun:
- Wenn Sie bedenken, daß Schuhe aus Rauh- und Wildleder für nasses Wetter ungeeignet sind, könnten Sie auf deren Imprägnierung mit Lederpflegesprays verzichten.
- Reinigen Sie Rauh- und Wildlederschuhe mit einem Gummibürstchen oder einem Spezialgummi. Regenflecken und Schmutzstreifen entfernen Sie am besten durch vorsichtiges Aufrauhen mit ganz feinem Sandpapier.
- Wenn Sie doch Sprays benutzen, auf jeden Fall nur im Freien bei Windstille oder bei weit geöffnetem Fenster anwenden. Nur wenige Sekunden sprühen und von Kindern fernhalten.
- Beachten Sie die Warnhinweise auf den Produkten. Reste gehören im übrigen zum Sondermüll.
- Verwenden Sie für Glattlederschuhe Lederpflegemittel, die natürliche Grundstoffe wie Bienenwachs, Lanolin und Sojaöl enthalten. Sie finden sie vor allem in Naturläden oder im Naturfarbenhandel.
- Nasse Glattlederschuhe vor der Behandlung mit Creme trocknen lassen. Am besten mit Zeitungspapier ausgestopft über Nacht stehen lassen (nicht in der Nähe der Heizung). Nässeränder lassen sich mit Milch und Essig abreiben.

Und das gewinnen Sie:
Sie schützen Ihre Gesundheit und die Umwelt, wenn Sie auf die bedenklichen Sprays verzichten. Und Sie schonen Ihr Schuhwerk, wenn Sie es weniger mit chemischen Zutaten behandeln. In den sogenannten Glanzpflegern stecken zum Beispiel kaum pflegende Wirkstoffe, sondern hauptsächlich Kunstharzdispersionen, die die Poren des Leders verstopfen.

Zehn Jahre dauerte der Rechtsstreit, bis schließlich 1990 die gefährlichen Ledersprays eines Herstellers aus dem Handel gezogen wurden.

Kein Gift in der Küche

Wo es um die Zubereitung von Speisen geht, sollten wir nicht zulassen, daß die Chemie überhandnimmt.

»Gläser, Tassen und andere Kaffeegeräte müssen glänzen wie Krystall. Es wird danach die Hausfrau beurteilt«, schrieb 1889 Henriette Davidis in ihrem Buch »Die Hausfrau«, das jahrzehntelang als das Standardwerk der deutschen Hausfrau galt. Selbstverständlich hielt sich diese an solche Forderung, auch wenn sie von ihr viel Handarbeit und Zeit verlangte.
Auch heute wird der Kampf um die Sauberkeit im trauten Heim erbittert weitergeführt – nur mit anderen Mitteln. Und er wird auf zwei Ebenen ausgefochten. Einmal in den Etagen der Hersteller und ihrer Werbestrategen, die, koste es, was es wolle, ihre Produkte an die Hausfrau bringen müssen. Ist ihnen das gelungen, verlagert sich das Schlachtfeld an den häuslichen Herd, wo die Hausfrau gegen den Schmutz ringen soll, als gehe es um Leben und Tod. Und womit führt sie diesen Krieg, den man schon beinahe als erbarmungslos bezeichnen kann? Mit Mitteln, die zwar Sauberkeit verheißen, aber im Endeffekt noch viel mehr Schmutz machen. Und krank dazu.

Bedarfsweckung

Als sich die chemische Industrie des Haushalts bemächtigte, ließ sie es nicht bei der Herstellung von ein paar Produkten bewenden. Oder anders gesagt, nur die paar Geister zu rufen, die die Hausfrau wirklich brauchte, war schlichtweg unrentabel. Schuf man aber in ihr den Wunsch, noch ein paar mehr Geister auszuprobieren, unbekannte zwar, aber offenbar recht nützliche, wie es die Reklamehausfrauen suggerierten, dann lohnte sich das Geschäft. Das nennt man Bedarfsweckung.
So kam es, daß wir heute in der Küche Allzweckreiniger, Scheuerpulver und -milch benutzen, Topfreiniger, Herdputzmittel und Backofenspray, Hand- und Maschinenspülmittel, dazu einen speziellen Spülmaschinenreiniger, Entkalker, Rostentferner, Silber- und Metallputzmittel. Ein bißchen viel Mittel für einen einzigen Bereich. Und alles Chemikalien, von denen wir meistens nicht wissen, wieviel gefährliche Substanzen sie enthalten.

Chemie im Essen

Beschleicht uns da nicht ein unangenehmes Gefühl? Sollte es zumindest. Dient doch die Küche vornehmlich dazu, frische Lebensmittel zu verarbeiten und daraus Speisen zuzubereiten. Sicher, dabei entsteht Schmutz. Aber muß dem mit soviel Chemie zu Leibe gerückt werden?
Hauptsache, der gute Kuchen schmeckt. Aber schmeckt er überhaupt, wenn er in einem Rohr gebakken wird, das noch nach aggressivem Reinigungsmittel riecht? Glanz ohne Abtrocknen verspricht das Spülmittel, aber wieviel davon ißt man unfreiwillig bei der nächsten Mahlzeit mit?
Das Wasser läuft nach dem Entkalken

mit chemischen Mitteln zwar wieder ordentlich durch die Kaffeemaschine, aber hat der Kaffee jetzt nicht ein eigenartiges Aroma?

Putzen allein reicht nicht

Erst recht der Hygienefimmel. Ein weiteres Eisen im Feuer der Werbung. Glaubt man ihr, ist Putzen allein nicht ausreichend. Auch nicht in der Küche, schließlich können Lebensmittel von Bakterien und Pilzen befallen sein. Einige unter ihnen sind recht nützlich für den Menschen, zum Beispiel bei der Herstellung von Joghurt und Käse oder beim Brotbacken (Hefe), andere können Krankheiten auslösen. Von Salmonellenvergiftungen war zu Beginn der 80er Jahre viel die Rede. Auch heute häufen sich wieder Meldungen über salmonellenverseuchte Speisen. Salmonellen vermehren sich zum Beispiel mit Vorliebe im auslaufenden Gewebswasser von Geflügelfleisch. Deswegen sind ein paar Vorsichtsmaßnahmen angebracht: Gutes Durchgaren der Speisen, sorgfältiges Reinigen von Messern, Schneidflächen, Geräten und Tüchern, die mit Geflügel oder bei Tiefkühlware auch mit dem Schmelzwasser in Berührung gekommen sind, und natürlich Hände waschen, bevor andere Lebensmittel angefaßt werden.

Auf spezielle Desinfektionsmittel können wir hingegen getrost verzichten. Laut Meinung von Medizinern ist die routinemäßige Desinfektion im Haushalt überflüssig und zudem umweltschädlich. Denn ein großer Teil der dafür empfohlenen Mittel enthält Stoffe, die neben den Bakterien auch den Anwendern und der Umwelt gefährlich werden.

»Bedenkliche« Töpfe

Kein Gift in der Küche bezieht sich aber nicht nur auf die Reinigung. Auch in den Töpfen, im Geschirr und Besteck können Stoffe enthalten sein, die unserer Gesundheit keineswegs zuträglich sind. Hinzu kommen die vielfach bereits belasteten Lebensmittel, ihre zum Teil bedenklichen Verpackungen und ihre oft unsachgemäße Aufbewahrung zusammen mit Putzmitteln in Schränken und Vorratskammern. All das läßt sich kaum mit so lustvollen Begriffen wie Schmecken und Genießen verbinden. Räumen wir in Zukunft diesen Genüssen wieder den Vorrang ein, dann kann die Küche zu ihrer früheren Bedeutung zurückfinden: der heimelige Herd.

Kochen in »gesunden« Töpfen

Die Bekömmlichkeit der Speisen hängt auch vom Material der Töpfe ab.

Darum geht es:
Seitdem das Hobbykochen zu den modernen Freizeitbeschäftigungen gehört, unterliegen auch Töpfe, Pfannen und Backformen modischen Trends. Kochtopf ist allerdings nicht gleich Kochtopf. Vom ökologischen Standpunkt aus sollten bei der Wahl, abgesehen vom Energiespareffekt, auch die Materialien eine Rolle spielen. Denn aus einigen können sich beim Erhitzen gesundheitsschädigende Stoffe lösen.
Aluminium in der Nahrung fördert möglicherweise die Alzheimersche Krankheit. Email kann giftige Stoffe abgeben, Keramik unter Umständen Schwermetalle wie Blei und Cadmium. Kupfer geht mit säurehaltigen Speisen giftige Verbindungen ein, so daß Kupfergeschirr innen verzinnt sein muß. Mit Kunststoff beschichtete Koch- und Backgeräte können krebserregendes Benzol abgeben.

Das können Sie tun:
- Verwenden Sie Töpfe aus Edelstahl (möglichst ohne Plastikgriffe). Von ihnen geht so gut wie keine Gefahr aus. Aufpassen sollten nur Menschen, die unter einer Nickelallergie leiden, da Spuren dieses Metalls ins Essen gelangen können. Ihnen sei der Gebrauch von Geschirr aus feuerfestem Glas empfohlen.
- Braten und schmoren Sie am besten in unbeschichteten Pfannen und flachen Töpfen aus Gußeisen oder Edelstahl. Auch Backformen aus Blech sind den beschichteten vorzuziehen.
- Ungefährlich sind Auflaufformen aus gehärtetem Porzellan oder der Römertopf aus Ton.
- Benutzen Sie, etwa zum Überbakken von Gerichten, kein Keramikgeschirr, dessen Herkunft ungeklärt ist (Souvenir aus dem Ausland).
- Kochen Sie in emaillierten Töpfen keine sauren Speisen (aus Obst oder mit sauren Zutaten). Es könnten sich dadurch giftige Stoffe aus dem Email herauslösen.
- Verbannen Sie Aluminiumtöpfe aus Ihrer Küche. Auch Kupfergeschirr – selbst, wenn es innen verzinnt ist – eignet sich besser zur Zierde als zum Kochen.

Und das gewinnen Sie:
Wenn Sie in Ihrem Haushalt mit »gesunden« Töpfen, Pfannen und Backformen arbeiten, dann werden Ihre Kochkünste nicht nur schmecken, sondern auch wirklich bekömmlich sein.

Beim Elektroherd sparen Sie bis zu 50 Prozent Energie, wenn Ihre Töpfe die richtige Größe und ebene Böden haben, beim Kochen zugedeckt werden und die Nachwärme der Platte genutzt wird.

Geschirr und Besteck ohne Nachgeschmack

Von einem mit Glas und Porzellan gedeckten Tisch ißt es sich nicht nur am schönsten, sondern auch am gesündesten.

Darum geht es:
Bei einer gesunden Ernährung spielt auch die Qualität des Eßgeschirrs eine nicht unwesentliche Rolle. Denn darin lauert ebenfalls schädliche Chemie. Eßgeschirr aus Kupfer und Zinn ist zwar sehr dekorativ, aber es kann giftige Kupfersalze und Blei absondern. Keramik und oberflächlich verziertes Porzellan können mit sauren Speisen reagieren und hochgiftige Schwermetalle wie Cadmium und Blei ins Essen abgeben. Auf Tellern und Schüsseln ebenso gefährlich sind Farben wie leuchtendes Gelb, Orange oder Rot (Cadmiumgehalt), wenn sie nicht unter einer Glasur isoliert sind. Und die zierlich geschliffenen Bleikristallgläser sind nun mal bleihaltig. In jeder Hinsicht problematisch sind Kunststoffteller, -becher und -bestekke, wie wir sie gern bei Partys benützen. Einmal wird möglicherweise das Nervengift Styrol unter den Gästen verteilt, zum andern der Müllberg unnütz vergrößert.

Das können Sie tun:
- Geschirr aus weißem Porzellan oder Steingut ist unbedenklich. Auch farbig verziertes Porzellan oder Steingut ist empfehlenswert, solange das Dekor unter einer harten Glasur liegt.
- Verzichten Sie auf Keramikgeschirr, so schön es auch aussehen mag.
- Servieren Sie höchstens dann im Kupfergeschirr, wenn es innen einwandfrei verzinnt ist, sonst könnten giftige Kupfersalze entstehen. Aber selbst hier ist Vorsicht geboten. Keinesfalls sollten Sie saure Speisen darin anrichten.
- Ist heutiges Zinngeschirr trotz reduzierten Bleigehalts wegen der allgemeinen Schadstoffbelastung bereits bedenklich, so gehört altes Zinngeschirr oder Zierzinn-Geschirr mit seinem hohen Bleianteil keinesfalls auf Ihren Eßtisch.
- Bleikristallgläser und -karaffen geben an sauren Inhalt wie Wein das giftige Schwermetall Blei ab.
- Edelstahl eignet sich für Besteck und Schüsseln besser als Silber und ist zudem ohne Chemie zu putzen.
- Verwenden Sie möglichst kein Eßzubehör aus Kunststoff. Es ist gesünder und lustiger, sich für Partys richtiges Geschirr und Besteck bei Freunden und Nachbarn zusammenzuborgen. Als etwas teurere Variante bieten sich Geschirrverleihe an.

Und das gewinnen Sie:
Wenn wir Geschirr und Besteck vermeiden, das unser sorgfältig zubereitetes Essen mit Schadstoffen »bereichern« kann, verringern wir das Risiko gesundheitsschädlicher Schwermetallbelastungen.

Portwein kann nach vier Monaten in einer Bleikristallkaraffe 60mal mehr mit Blei belastet sein als vorher.

Lebensmittel richtig aufbewahren

Wenn wir unsere Lebensmittel sorgfältig und hygienisch lagern, verderben wir uns nicht den Magen.

Darum geht es:
Heutzutage müssen wir beim Einkaufen sehr darauf achten, unbelastete Lebensmittel zu bekommen. Daß auch bei der Aufbewahrung chemische Gefahren lauern können, ist uns meist weniger klar. Wir lagern Zucker- und Mehl-, Spaghetti- und Reistüten, nicht selten auch noch angebrochen, in Schränken, die Formaldehyd ausgasen können (→ Tip 22, Seite 37), oder in ungelüfteten Vorratskammern, wo Wasch- und Putzmittel vor sich hindünsten. Hinzu kommen einige Verpackungen, die es in sich haben, beispielsweise PVC- und PVDC-Folien, Polystyrol-Behälter und Plastikbeutel. Besonders die giftigen Weichmacher aus den Folien reichern sich bei längerer Lagerung in fetthaltigen Lebensmitteln (Käse, Wurst) an. Zudem belastet PVC den Müll und macht bei der Verbrennung eine aufwendige und teure Rauchgasreinigung nötig.

Das können Sie tun:
- Bewahren Sie offene Lebensmittelpackungen nicht zusammen mit Putz- und Waschmitteln auf.
- Füllen Sie Mehl, Zucker und ähnliches in gut verschließbare Behälter (Glas, Porzellan), bevor Sie sie in den Schrank stellen.
- Heben Sie Lebensmittel möglichst nicht in Kunststoffolien auf. Nehmen Sie zum Einwickeln Butterbrotpapier oder gewachstes Papier. Auch Gefäße aus Glas und weißem Porzellan, zum Beispiel eine Schüssel mit einem Teller als Deckel, eignen sich zur Aufbewahrung.
- Spezielle Gefrierbeutel gelten als unbedenklich, da sie kein PVC enthalten, ebenso Gefrierdosen aus Polyethylen oder Polypropylen. Behälter aus Polystyrol sind nicht zu empfehlen, da sich beim Einfüllen heißer Speisen und Getränke giftiges Styrol herauslösen kann. Genau nachfragen!
- Hüten Sie sich vor Konservendosen mit gewölbten Böden. Darin haben sich Botulismus-Erreger breit gemacht, die tödliche Vergiftungen verursachen können.
- Füllen Sie jeden Doseninhalt nach dem Öffnen gleich um, da durch den Luftzutritt Schwermetalle leichter aus der Dose herausgelöst werden und in die Nahrungsmittel übergehen können.

Und das gewinnen Sie:
Sie ernähren sich gesünder, wenn Sie Lebensmittel immer frisch zubereiten, statt sie lange zu lagern, und Sie vermeiden Bauchgrimmen oder sogar Vergiftungen durch verdorbene Kost. Schlecht gewordene Lebensmittel wegzuwerfen kostet Geld und belastet zudem den Müllberg.

Rund 100.000 Darmerkrankungen werden jährlich durch fahrlässigen Umgang mit Lebensmitteln verursacht.

Sauberkeit ohne Chemie

In der Küche sollten nur die Gewürze scharf sein, nicht die Reinigungsmittel.

Darum geht es:

In der Küche wird gebraten, gebakken, gekocht, Öl spritzt, Fettdämpfe steigen auf, Milch läuft über, Tomatensoße kleckert. All das dient der Zubereitung leckerer Speisen.
Gar nicht bekömmlich sind indes die Chemikalien, mit denen wir gegen die Verschmutzungen vorgehen. Wir behandeln Flecken auf Kochplatten und Ceran-Kochflächen mit Mitteln, die oft bis zu 50 Prozent gesundheitsbelastende organische Lösemittel enthalten. Wir sprühen ins verklebte Backrohr aggressive Reiniger und setzen uns dabei giftigen Dämpfen aus, die Schleimhäute, Atemwege, Augen und Hände angreifen. Und wer aus Versehen in die falsche Richtung sprüht, kann sich oder einen anderen schwer verletzen.

Das können Sie tun:

Ein neutraler Allzweckreiniger, Scheuermilch, Bürste, Schwamm und warmes Wasser genügen, um selbst gegen fettige Beläge in der Küche vorzugehen. Ebenso wirksam wie umweltfreundlich ist auch Schmierseife, mit der Sie die hartnäckigsten Verkrustungen lösen können.

- Lassen Sie Spritzer auf dem Herd erst gar nicht antrocknen. Wischen Sie sie sofort weg. Aber Vorsicht, damit Sie sich nicht verbrennen.
- Weichen Sie angetrocknete Flecken mit Wasser und einem Spritzer Spülmittel auf. Danach lassen sie sich meist mühelos entfernen.
- Eingebrannten Flecken auf der Herdplatte rücken Sie mit Scheuermilch und Putzschwamm zu Leibe. Vorher mit feuchtem Schwamm einweichen.
- Im warmen Zustand läßt sich das Backrohr am leichtesten reinigen. Grobe Verschmutzungen mit Zeitungspapier entfernen, danach mit Scheuermilch, Bürste und rauhem Schwamm säubern. Angebackene Krusten mit einer Schmierseifenlösung einweichen und anschließend wegwischen.

Und das gewinnen Sie:

Wenn Sie alle scharfen Haushaltschemikalien aus Ihrer Küche verbannen, sorgen Sie dafür, daß sowohl Ihre Lebensmittel als auch die Raumluft davon unbelastet bleiben. Wenn alle 27,8 Millionen Haushalte der alten Bundesländer dasselbe tun würden und die 6,8 Millionen Haushalte der neuen Bundesländer gar nicht erst zu diesen Mitteln greifen, könnte die jährliche Umweltbelastung durch 670.000 Tonnen Reinigungsmittel erheblich gesenkt werden. Und es müßten pro Jahr nicht mehr 35.000 Kinder im Alter von zwei bis fünf Jahren wegen Vergiftungen behandelt werden.

Schätzungsweise belasten jährlich mehr als 80 Tonnen Behälter mit Resten von Herdputzmitteln und Backofenreinigern unsere Müllberge.

Wasserfreundlich Geschirr spülen

Damit beim Geschirrspülen das Wasser möglichst »sauber« bleibt, sollten wir milde Mittel verwenden.

Darum geht es:
Abwaschen ist lästig und zeitaufwendig. Deshalb schaffen sich immer mehr Haushalte eine Maschine an. Damit reduziert sich laut Statistik der Zeitaufwand von 1 Stunde auf 20 Minuten, doch für die Umwelt sieht es schlecht aus. Die meisten Maschinenspülmittel enthalten ätzende Metasilikate, Phosphate sowie chlorhaltige Bleich- und Desinfektionsmittel. In den Klarspülern befinden sich Tenside, dazu wird Spülmaschinensalz eingesetzt, das das Abwasser mit 30.000 Tonnen pro Jahr belastet. Zudem ziehen sich Kleinkinder mit Maschinenspülmitteln die meisten Vergiftungen zu. Deswegen immer kindersicher aufbewahren!
Handspülmittel sind heute überwiegend phosphatfrei. Sie bestehen zwar zu 20 bis 30 Prozent aus verschiedenen Tensiden, dafür können sie sparsam dosiert werden. Allerdings können sie zu Hautreizungen und Allergien führen.

Das können Sie tun:
- Wenn Sie die Umwelt schonen wollen, ist Handspülen zwar lästig, aber noch immer die beste Methode.
- Je sorgfältiger Sie Teller und Töpfe vorher auswischen, desto weniger Spülmittel brauchen Sie. Normalerweise genügt ein Spritzer pro Becken. Geschirr in klarem Wasser nachspülen und zum Trocknen aufstellen.
- Mit Gummihandschuhen können Sie sich gegen Hautreizungen schützen. Nach jedem Spülen immer gut die Hände mit einer fetthaltigen Creme behandeln.
- Wenn Sie auf den Gebrauch der Maschine nicht verzichten können, lassen Sie sie wegen der Energie- und Wasserverschwendung nie halbgefüllt laufen und verwenden Sie »Bio« Reiniger ohne Phosphat und Chlor. Es gibt sie sogar auch schon ohne Metasilikate.
- Töpfe und Pfannen mit der Hand spülen, dann genügt für das übrige Geschirr meist der Schongang.
- Den Klarspüler können Sie ganz weglassen. Die Maschine vor dem Ausräumen offen stehenlassen, damit das Geschirr nachtrocknet.

Und das gewinnen Sie:
Sie entlasten das Wasser, wenn Sie so oft wie möglich auf das Spülen mit der Maschine verzichten. Denn bei jedem Spülgang werden bis zu 0,5 Gramm Bleichmittel, die giftige Chlorkohlenwasserstoffe enthalten, und etwa 4 Gramm Phosphate wirksam. Da sie von den herkömmlichen Kläranlagen nur zum Teil zurückgehalten werden können, geraten sie so wieder in den Wasserkreislauf.

31,4 Prozent der Haushalte in den alten Bundesländern lassen in Maschinen spülen, in den neuen sind es erst 1,1 Prozent.

Mild entkalken

Wir sollten gegen Kalk in Wasserkessel oder Kaffeemaschine keine Mittel verwenden, von denen Gefahren ausgehen können.

Darum geht es:
Im Wasserkessel, in der Kaffeemaschine, im Durchlauferhitzer wird Wasser heiß gemacht. Dabei fällt Kalk aus, der sich in den Gefäßen oder auf den Heizschlangen als weißlicher Belag absetzt. Diese oft sehr dicke Schicht schluckt wertvolle Energie, die Geld kostet. Zudem kann sie absplittern und in Speisen und Getränken landen. Mit Hilfe von Säuren wird Kalk entfernt, wobei der Vorgang durch Erhitzen beschleunigt werden kann.
Die im Handel angebotenen flüssigen Entkalker auf Basis von Ameisen- und Amidosulfonsäure wirken zwar schnell, sind aber stark ätzend und sehr gefährlich. Weit weniger aggressiv sind Essig oder verdünnte Essigessenz. Dafür entwickeln sie beim Erhitzen stechende Dämpfe, die Augen und Schleimhäute reizen. Das passiert bei der etwas langsamer wirkenden Zitronensäure nicht. Alle Entkalker sollten auf jeden Fall für Kinder unerreichbar aufbewahrt werden.

Das können Sie tun:
- Entkalken Sie Ihre Elektrogeräte regelmäßig, dann sparen Sie Energie. Benützen Sie dafür Zitronensäure. Sie bekommen sie als weißes Pulver in Apotheken, Drogerien und manchmal auch im Supermarkt. Man rechnet auf 1 Liter Wasser 2 gehäufte Eßlöffel Zitronensäure.
- Wenn Sie Ihren Wasserkessel mit dieser Lösung auskochen, sollten auch die oberen Kalkränder davon bedeckt sein.
- Ihre Kaffeemaschine läßt sich folgendermaßen entkalken: Etwa die Hälfte der Lösung durchlaufen lassen, Maschine ausschalten und einige Stunden ziehen lassen. Wieder anschalten, den Rest und anschließend vier- bis fünfmal klares Wasser durchlaufen lassen.
- Auch für Ihren Durchlauferhitzer können Sie diese Lösung verwenden. Die Menge richtet sich nach dem Fassungsvermögen. Verfahren Sie wie beim Entkalken der Kaffeemaschine, wobei Sie die Einwirkungszeit je nach dem Grad der Verkalkung verlängern sollten.
- Verkalkte Gefäße wie Blumenvasen mit der Lösung einen Tag stehen lassen, dann mit der Flaschenbürste alle Kalkränder wegschrubben.

Und das gewinnen Sie:
Sie können nicht nur Geld sparen, wenn Sie Ihre Elektrogeräte regelmäßig entkalken und dafür auf industrielle Entkalker verzichten. Sie vermeiden auch eine Menge schädlicher Chemie und unnützen Energieverbrauch.

In mehr als der Hälfte der alten Bundesrepublik ist das Wasser hart bis sehr hart und macht uns mit Kalkablagerungen zu schaffen.

Umweltschonend heimwerken

Heimwerken ist für viele von uns eine beliebte Freizeitbeschäftigung. Doch wir sollten dabei nicht unsere Gesundheit und die Umwelt vernachlässigen.

Heimwerken kann gefährlich sein. Diese traurige Erfahrung haben schon viele machen müssen, die sich auf die Unbedenklichkeit angebotener Produkte verließen. Da klagten zum Beispiel immer mehr Menschen über Kopfschmerzen, Übelkeit und Sehstörungen, doch wegen der Ursachen tappte man lange Zeit im dunkeln. Es war wie verhext. Denn nur in ihren Häusern und Wohnungen litten die Menschen unter den Beschwerden, anderswo ging es ihnen besser. Schließlich kam man dem unsichtbaren Feind auf die Spur. Er steckte in rustikalen Holzbalken und Wandverkleidungen. Diese waren zum Schutz gegen Pilzbefall und Holzwürmer mit Chemikalien bestrichen und dünsteten giftiges Pentachlorphenol (PCP) und Lindan aus. Was die Schädlinge vernichtete, wurde auch vielen Menschen zum Verhängnis. Die Frankfurter Staatsanwaltschaft schätzt, daß rund 4 Millionen Wohnungen mit PCP und Dioxinen aus Holzschutzmitteln verseucht sind. Pentachlorphenol ist heute in den alten Bundesländern verboten, aber innerhalb der EG weiterhin eingeschränkt zugelassen.
Eine weitere Chemikalie sorgt ebenfalls für schlimmste Beschwerden: Formaldehyd, das für die Herstellung von Spanplatten, Sperrholz und in Kunststoffdichtmassen zur Wärmedämmung eingesetzt wird, kann jahrelang aus Wänden und Möbeln ausgasen und sich in gefährlichen Konzentrationen in der Raumluft anreichern. Hinzu kommt, daß Formaldehyd in vielen Farben, Lacken, Fußbodenklebern, Holzschutzmitteln und Parkettversiegelungen enthalten ist.

Chemische Fallen

Für den Heimwerker von heute lauern überall gefährliche chemische Fallen. Bevor wir uns deshalb Produkte zum Streichen, Kleben oder Ausbessern ins Haus holen, sollten wir uns über mögliche Gesundheitsrisiken und Umweltverträglichkeiten informieren. Auch wenn wir Handwerker kommen lassen, gilt: Vertrauen ist gut, Kontrolle noch besser. Ebenso sollten wir in Bau- oder Heimwerkermärkten nicht blindlings Produkte auswählen, die uns versprechen, preiswert und schnell unsere Wünsche zu erfüllen.
Erschwerend kommt hinzu, daß in den neuen Bundesländern noch bis Ende 1992 Holzschutzmittel mit PCP, lösemittelhaltige Produkte ohne Deklaration, Spanplatten mit zuviel Formaldehyd und asbesthaltige Baumaterialien hergestellt und verkauft werden dürfen. Sie können aber auch in die alten Länder gelangen, obwohl sie dort verboten sind oder mit Warnhinweis angeboten werden müssen.

Der Markt ändert sich nur langsam

Kritische Verbraucher in Ost und West sind gefragt, die durch Nachfrage oder Verzicht bessere Produkte erzwingen. Der Markt ändert sich, aber

eben langsam. Heute gibt es zunehmend mehr schadstoffreduzierte Farben und Lacke mit dem blauen Umweltengel, alte Naturfarbenrezepte werden wieder angewendet.
Doch nur allmählich befinden sich organische Lösemittel, die überall im Heimwerkerbedarf eingesetzt werden, auf dem Rückzug. Noch verdampfen davon in den alten Bundesländern jährlich schätzungsweise 400.000 Tonnen. Denn so ganz lassen sie sich noch nicht aus Klebern, Farben, Lacken, Verdünnern und Abbeizmitteln verbannen. Durch den massenhaften Einsatz auch in vielen anderen Produkten geht von organischen Lösemitteln die größte Gesundheits- und Umweltbelastung aus. In der Luft, wo sie unter Sonneneinwirkung und zusammen mit anderen Schadstoffen chemisch reagieren, entstehen sogenannte Photooxidantien, die in höherer Konzentration zum inzwischen gefürchteten Sommersmog führen. Es ist also nötig, nach Produkten zu fahnden, die keine oder nur wenig organische Lösemittel enthalten.

Grenzen der Baubiologie

Wir fahren auf einem Zug, von dem abzuspringen gar nicht so einfach ist. Denn die Giftstoffe, die sich Bauherren und Heimwerker jahrelang in Haus und Wohnung geholt haben, lassen sich nicht so ohne weiteres durch gesundheitlich unbedenkliche Materialien ersetzen. Zwar hat die Baubiologie, also Bauen und Wohnen nach ökologischen Gesichtspunkten, viele Anhänger gefunden, doch wer diese Richtung konsequent verfolgen will, wird noch an Grenzen stoßen.
Wo findet der umweltbewußte Heimwerker möglichst naturbelassenes Holz, und welche Farben sind nun weniger gefährlich? Wo gibt es formaldehydfreie Spanplatten? Schauen Sie in Baumärkten, aber auch in Fachgeschäften genau auf die Auszeichnungen (→ Tip 22, Seite 37). Und wenden Sie sich bei nicht zufriedenstellender Beratung an Ihre Verbraucherzentrale, oder suchen Sie nach alternativen Einkaufsmöglichkeiten (→ Adressen, Seite 90).
Noch sind viele Hersteller konventioneller Produkte nicht bereit, ihre Rezepturen zu ändern. Immerhin fließen ihnen jährlich nur für Anstriche mehr als 35 Milliarden Mark aus den Taschen der Heimwerker zu. Doch da könnten wir ansetzen. Wir, das sind über 13 Millionen Hobbyhandwerker, die laut einer Untersuchung zu Hause gelegentlich oder regelmäßig zu Pinsel und Werkzeug greifen. Wenn wir noch das Heer derjenigen aus den neuen Bundesländern dazuzählen, die jetzt in Eigenarbeit ihre Wohnungen und Häuser sanieren wollen, könnten wir eine gewaltige Lobby werden im Kampf um gesündere und ökologische Baumaterialien. Die folgenden Tips sollen Ihnen helfen, beim Heimwerken Gesundheit und Umwelt zu schonen.

Holz natürlich schützen

Wenn wir auf chemische Holzschutzmittel verzichten, schützen wir Gesundheit und Umwelt.

Darum geht es:
Damit Balken, Paneele, Fußböden oder Regale lange erhalten bleiben, behandelt der Heimwerker sie gegen Holzwurm und Pilzbefall mit Holzschutzmitteln, die es in sich haben. Viele von ihnen enthalten biozide Wirkstoffe und organische Lösemittel, die die Schleimhäute reizen, das Nervensystem schädigen, Organe angreifen und Krebs erregen können. Das gefährliche Pentachlorphenol wurde bei uns zwar verboten, doch dieses Verbot gilt nicht für ausländische Produkte.
Holzschutz muß aber nicht mit Chemie betrieben werden. Tatsächlich genügt es, trockenes Holz zu verwenden und trocken zu erhalten. Denn die meisten Schädlinge, Insekten wie Pilze, befallen nur feuchtes Holz.

Das können Sie tun:

- Suchen Sie das richtige Holz aus. Manche Holzarten »schmecken« den Schädlingen nämlich nicht (→ Literatur, Seite 90).
- Fragen Sie nach, ob das Holz unbehandelt ist. Oft wird es noch nach dem Fällen gegen möglichen Schädlingsbefall mit Pestiziden besprüht.
- In beheizten Innenräumen ist Holzschutz überflüssig. Es genügt, wenn Sie Wachse oder wasserlösliche Lasuren ohne biozide Wirkstoffe verwenden (→ Tip 20, Seite 35).
- Wenn Holz trotzdem von Schädlingen befallen wurde, garantiert das Heißluftverfahren (außer beim »echten Hausschwamm«) einen fast hundertprozentigen Erfolg. Heiße Luft wird in den betroffenen Raum geblasen, bis auch im Innern der Holzteile eine Temperatur von 60 Grad Celsius herrscht, und eine Stunde so gehalten. Und das überleben Insekten und Pilze nicht. Nur vom Fachmann machen lassen (→ Adressen, Seite 90).
- Im Außenbereich geht es darum, Holz trocken zu halten, zum Beispiel mit »konstruktivem« Holzschutz durch vorspringende Dächer und Lufträume zwischen Wand und Holzverkleidung. Lassen Sie sich vom Baubiologen beraten (→ Adressen, Seite 90).
- Besonders von Feuchtigkeit betroffene Flächen können Sie außerdem mit anorganischen Borverbindungen imprägnieren. Danach mit einer Lasur gegen Auswaschung schützen.

Und das gewinnen Sie:
Wenn Sie chemischen Holzschutz vermeiden, entgehen Sie Vergiftungen. Außerdem schützen Sie die Umwelt. Denn jährlich verdampfen aus 35.000 Tonnen verstrichenen Holzschutzmitteln Lösemittel, die die Luft belasten und als Folge unsere Wälder schädigen.

Wasserlösliche Farben verstreichen

Wenn wir Farben und Lacke ohne organische Lösemittel verwenden, schützen wir uns und unsere Umwelt.

Darum geht es:
In den Räumen, in denen wir leben, werden von Hand- und Heimwerkern noch immer Wand- und Lackfarben verarbeitet, die oft bis zu 40 Prozent organische Lösemittel enthalten. Diese verdunsten nach dem Auftragen und belasten unsere Atemluft mit gefährlichen Nervengiften, die zum Teil Krebs erregen können.
Doch unter den vielen Millionen Heimwerkern gibt es vermehrt auch solche, die nach umweltfreundlicheren Produkten fahnden. Die Suche wird ihnen allerdings nicht leicht gemacht. Denn der Markt ist verwirrend geworden, die Inhaltsstoffe sind unverständlich oder mangelhaft angegeben und das Verkaufspersonal durch einen längst unübersichtlich gewordenen Chemie-Dschungel oft überfordert.

Das können Sie tun:
Vorausgeschickt sei die Tatsache, daß Sie nur unter den kleineren Übeln wählen können, denn wirklich umweltfreundliche Anstrichstoffe gibt es noch nicht.

- Vermeiden Sie alle Farben, die zu viele organische Lösemittel enthalten. Verwenden Sie nur Lackfarben, die mit Wasser verdünnt sind. Diese Lacke enthalten meist unter 10 Prozent organische Lösemittel. Leider sind dafür oft noch bedenkliche Konservierungsstoffe wie Formaldehyd eingesetzt, die bei manchen Menschen Allergien auslösen können.
- Wählen Sie Farben mit dem blauen Umweltengel, denn diese sind zumindest schadstoffreduziert.
- Bei Wandanstrichen sind die wasserlöslichen Dispersionsfarben wegen ihres geringen Anteils an organischen Lösemitteln zu empfehlen. Doch auch sie enthalten Konservierungsmittel.
- Wählen Sie Wandfarben nach ihrem Verwendungszweck aus, denn oft genügen zum Beispiel für Innenräume umweltfreundliche Leimfarben. Allerdings sind sie nicht wasserfest und sollten vor einem Neuanstrich abgewaschen werden.
- Farbreste sowie alle Flüssigkeiten, in denen Sie Malgeräte gereinigt haben, gehören zum Sondermüll, nie ins Abwasser.
- Beim Malern immer gut und lange genug lüften, auch wenn der Anstrich schon trocken zu sein scheint.

Und das gewinnen Sie:
Je sorgfältiger wir beim Einkauf Wand- und Lackfarben auswählen, desto weniger Gifte verstreichen wir in unserer Wohnung. Und damit schonen wir nicht nur die Umwelt, sondern auch uns selbst.

Jährlich gelangen allein aus unseren Haushalten rund 600 Tonnen Lösemittelreste auf die Mülldeponien und belasten unsere Umwelt.

Fußboden ohne Gefahr

Vermeiden Sie Bodenbeläge oder Bodenlacke, die Ihre Raumluft verseuchen.

Darum geht es:
Wenn wir einen neuen Bodenbelag verlegen wollen, sollten wir den alten nicht ungeprüft herausreißen. Er könnte Asbest enthalten, und die mikroskopisch feinen Fasern, die dabei frei werden, sind krebserregend. Eine Sanierung kann aber nur von Spezialfirmen mit den ebenso notwendigen wie teuren Sicherheitsvorkehrungen durchgeführt werden. Im Zweifelsfall den alten Belag lassen und den neuen darüberlegen.
Bei dessen Wahl sollten wir auch an unsere Gesundheit denken. PVC-haltige Böden können durch Faserabrieb oder ausdampfende Weichmacher und andere Chemikalien die Raumluft belasten. Mit Fußbodenlacken auf Polyurethanbasis läßt sich ein Holzboden zwar schnell versiegeln, doch die dabei ausdampfenden Isocyanate können quälenden Husten auslösen und sogar zum Erstickungstod führen.

Das können Sie tun:
Ob Ihr Fußboden asbesthaltig ist, können Sie zum Beispiel beim Bremer Umweltinstitut (→ Seite 91) für etwa 80 Mark untersuchen lassen. Der TÜV macht das auch, ist aber sehr teurer.

- Für die Entnahme der Probe beachten Sie bitte folgendes: Tragen Sie eine Staubschutzmaske (gibt es im Heimwerkerbedarf). Den Boden an einer Stelle gut befeuchten und mit einem scharfen Messer ein fingernagelgroßes Stück sauber ausschneiden. Die Probe sofort in einen staubdichten Behälter geben. Die Schnittkanten am Boden dick mit Vaseline abdichten. Gut lüften.
- Informieren Sie sich bei der Wahl eines neuen Bodenbelags, ob sich für Ihre Zwecke Holz, Kork, Linoleum, Stein oder Teppichboden eignet (→ Adressen, Seite 90).
- Auf Teppichböden aus Kunstfasern und auf PVC-haltige Bodenbeläge sollten Sie lieber verzichten.
- Einen rohen Holzboden sollten Sie möglichst nicht versiegeln. Es gibt zwar wasserverdünnbare Parkettversiegelungen, deren Lösemittelanteile unter 10 Prozent liegen. Baubiologen empfehlen indessen eine Imprägnierung mit Naturharzöl oder Leinölfirnis. Mehrmals auftragen, bis das Holz gesättigt ist. Nach dem Trocknen mit Bienenwachs einlassen. So kann der Boden noch »atmen« und Feuchtigkeit puffern (→Tip 3, Seite 12).

Und das gewinnen Sie:
Mit natürlichen Bodenbelägen, aus denen keine gefährliche Stoffe mehr ausdünsten können, verbessern Sie das Raumklima und leben gesünder.

Asbest kann bereits ab 1000 Fasern pro Kubikmeter Luft die Gesundheit gefährden.

Kein Formaldehyd im Brett

Als Heimwerker sollten Sie Preßspanplatten vermeiden, aus denen giftiges Formaldehyd ausdünsten kann.

Darum geht es:
Spanplatten bestehen aus zusammengeleimten Holzschnitzeln. Dazu werden Kunstharzkleber hinzugefügt, die das stechend riechende Reizgas Formaldehyd enthalten. Es kann jahrelang ausdampfen, bewirkt Müdigkeit, Kopf- und Gliederschmerzen, kann zu Allergien und Depressionen führen und steht im Verdacht, krebserregend zu sein. Deswegen sollten mehr als 0,1 ppm (ppm = Teile auf 1 Million Teile) Formaldehyd aus den für den Innenausbau vorgeschriebenen Spanplatten der Emissionsklasse E 1 nicht ausdünsten. Dieser Grenzwert wurde jedoch häufig um das Doppelte überschritten. Die von der Industrie als garantiert formaldehydfrei angebotene Alternative ist hingegen ein Beispiel dafür, daß der Teufel oft mit Beelzebub ausgetrieben wird. Denn diese isocyanatgebundenen Spanplatten können ebenso bedenkliche Atemgifte ausgasen (→Tip 25, Seite 42).

Das können Sie tun:
Je nach Verwendung können Sie zwischen verschiedenen Alternativen wählen, die aber leider auch teuer sind.

- Fragen Sie nach Spanplatten, die mit Magnesit, Gips oder Zement gebunden sind. Allerdings sind sie meist schwerer und deshalb nicht für alle Einbauten geeignet.
- Schwieriger zu verarbeiten und auch teurer, aber schön ist unbehandeltes Massivholz für Einbauten und Möbel. Verzichten Sie aber zum Schutz des Regenwalds auf Tropenhölzer.

Wenn Sie herkömmliche Spanplatten nicht mit anderen Materialien ersetzen können, beachten Sie bitte folgendes:

- Kaufen Sie keine Billigangebote, sondern bestehen Sie auf Spanplatten der Klasse E 1.
- Wenn Sie die Platten bearbeiten, also sägen, anbohren oder fräsen, dichten Sie hinterher die »offenen« Stellen sorgfältig mit Umleimern, Furnieren, formaldehydbindenden Farben, Kitten oder Wachsen ab.
- Auch aus Möbeln aus beschichteten Holzwerkstoffen kann Formaldehyd ausdampfen. Deshalb auch hier offen gebliebene Kanten und Löcher verschließen.
- Während der Bearbeitung von Spanplatten immer gut lüften, auch noch Tage danach.

Und das gewinnen Sie:
Sie können den Anteil von Formaldehyd am »Chemiecocktail« in Ihrer Wohnung drastisch senken, wenn Sie sowohl beim Materialkauf für neue Möbel und Einbauten als auch beim Bearbeiten von bereits Vorhandenem sorgfältig und umsichtig vorgehen.

Etwa 170.000 Tonnen Formaldehyd werden jährlich für die Spanplattenherstellung verwendet.

Abbeizen – aber nicht ätzend

Mit dem Abzieher arbeiten Sie beim Abbeizen am umweltfreundlichsten.

Darum geht es:
Nicht nur Omas wunderschönes Küchenbuffet, auch Türen und Fenster wollen vor einem Neuanstrich von alten Farbschichten befreit werden. Meist muß dafür Natronlauge herhalten. Allerdings dürfen Sie dann nur mit rundherum geschlossener Schutzbrille, chemikalienfesten Gummihandschuhen und robusten Klamotten antreten, denn die Lauge ist stark ätzend und darf auf keinen Fall auf die Haut und in die Augen spritzen. Ebenfalls gefährlich sind Abbeizer mit zuviel Lösemitteln, da sie die Atemorgane reizen und als krebserregend gelten. Das Abbeizen mit dem Heißluftfön löst zwar die Farben, möglicherweise werden dabei aber krebserregendes Benzol und Toluol freigesetzt. Der großflächige Einsatz eines Schleifgeräts (selbst eines mit Absaugvorrichtung) schließlich ist so staubintensiv, daß Sie nur mit Atemschutzmaske arbeiten sollten.

Das können Sie tun:
Hände weg von scharfen Laugen, zuviel Lösemitteln, dem Heißluftfön oder Schleifgerät, denn diese Verfahren gehen auf Kosten Ihrer Gesundheit.

- Etwas mühsam, dafür umweltfreundlich ist das Entfernen der Farbe mit dem Abzieher. Mit diesem speziellen Schabemesser können alte Farbschichten abgeschält werden. Mit Geschick angewandt ist diese Methode auch holzschonend.
- Für Farbreste in unzugänglichen Kanten und Rillen gibt es Kratzvorsätze zum Nacharbeiten, oder Sie gehen mit Glaspapier daran.
- Verwenden Sie chemische Mittel nur dann, wenn es gar nicht anders geht. Und entfernen Sie damit nur verbliebene Farbreste, niemals große Flächen. Abbeiz-Strips sind eine etwas teure, aber weniger gefährliche Alternative zu flüssigen Abbeizern. Sie lassen sich ohne Spritzer einfach anbringen und leicht wieder abziehen. Aber auch die Strips dürfen Sie nur mit Gummihandschuhen anfassen.
- Arbeiten Sie, egal ob Sie schleifen oder doch chemische Abbeizer einsetzen, stets bei guter Durchlüftung oder, wenn möglich, im Freien.
- Alle Reste von alten Farben und Abbeizhilfen gehören unbedingt zum Sondermüll. Adressen dafür erfahren Sie bei Ihrem Gemeindeamt oder im Rathaus.

Und das gewinnen Sie:
Sie leben gesünder, wenn Sie weder chemische Abbeizer einsetzen, noch mit einem Schleifgerät oder Hitze alte Farbe abzulösen versuchen.

1 Liter Abbeizer kann in einer Stunde die Atemluft in einem kleinen Raum 100mal giftiger machen als der Arbeitsschutz es zuläßt.

Gesund und umweltfreundlich wohnen

Wohnen gehört zu den Grundbedürfnissen der Menschen. Chemische Schadstoffe können es uns aber ganz schön verleiden.

»Wo ich lebe, ist es am schönsten«, sagt ein japanischer Sinnspruch. Der Platz, wo man seine Zelte aufschlägt, das Dach über dem Kopf, das Nest, das man sich baut, kurzum, das Haus, die Wohnung, sie geben einem das Gefühl der Geborgenheit, des Schutzes. Von hier aus läßt sich sozusagen die Welt erobern.

Wenn man der eigentlichen Bedeutung des Wortes »wohnen« nachspürt, ergibt sich etwas Eigenartiges. Ursprünglich besagte es nämlich »nach etwas trachten, gern haben«. Daraus entwickelte sich »Gefallen finden, zufrieden sein, sich gewöhnen«, bis schließlich »wohnen, sich aufhalten« allein bestehen blieb. Doch sind nicht alle vorherigen Bedeutungen nach wie vor darin enthalten? Man trachtet nach einem Zuhause, hätte es gern, findet Gefallen daran, ist zufrieden, hat sich daran gewöhnt und seinen Gewohnheiten entsprechend eingerichtet.

Stichwort Einrichtung. Die gehört natürlich zum Wohnen. Und außerdem ist sie Ausdruck dessen, was wir fühlen, welche Einstellung wir zum Leben haben. Danach suchen wir uns die Möbel aus, entscheiden uns für Farben. Die Gestaltung unserer Wohnumwelt ist wie ein kleiner Schöpfungsakt. Hier können wir nach Gutdünken schalten und walten. Nur der eigene Geschmack zählt.

Doch wie wählen wir aus? Bisher hing unsere Entscheidung hauptsächlich vom Aussehen und vom Preis ab. Doch mehr und mehr gewinnen auch ökologische und gesundheitliche Gesichtspunkte an Interesse. Gezwungenermaßen, wie wir leider feststellen müssen.

Reizendes aus Möbeln und Teppichen

Holz, der Stoff, aus dem Möbel sein sollen, ist schon lange nicht mehr das, was er einmal war. Es steckt sozusagen der Wurm drin. Was sich von außen wie Eiche oder Palisander gibt, kann innen nur aus Holzschnitzeln bestehen. Diese werden mit Formaldehydharzen unter hohem Druck und Hitze zu Platten zusammengepreßt, den sogenannten Spanplatten. Darüber ein dünnes Edelholzfurnier geklebt, und schon haben wir einen Schrank vor uns, ein Bett, einen Tisch, die alle wie aus echt Massivholz aussehen. Doch dann gehen einem die Augen nicht etwa auf, sondern zu, weil sie von Formaldehyd zum Weinen gereizt wurden.

Der Teppich, von alters her erlesenes Attribut für Wohnkultur, ist seit den 60er Jahren immer mehr zum textilen Bodenbelag geworden. Teppichböden, von Wand zu Wand verlegt, machen kleine Räume optisch größer (in unseren mit Quadratmetern geizenden Wohnungen ein wichtiger Effekt), sind warm, rutschfest, schalldämpfend und strahlen ein Gefühl der Behaglichkeit aus. Für die vielen

Tritte, die sie aushalten müssen, bieten sich die strapazierfähigen Kunststoffe an. Dafür geben sie aber reizende Substanzen ab, die uns das Atmen schwer machen.
Das gleiche gilt für Vorhänge, Tapeten oder Wandanstriche. Sie alle können aufgrund der enthaltenen chemischen Stoffe unserer Gesundheit Schaden zufügen. Doch leider bleibt es nicht nur dabei. Lufthygieniker haben bei ihrer Suche nach all den Chemikalien, die in unserer Raumluft schweben, weltweit rund 350 verschiedene Schadstoffe ausfindig gemacht. Was ihnen zunehmend Sorge bereitet, ist die Tatsache, daß diese Wohngifte ja nicht einzeln ihre Wirkung ausüben, sondern kombiniert. Und über diese Wechselwirkung von Schadstoffen, die im Wohn- und Lebensbereich von Menschen zu finden sind, ist wenig bekannt.

Allergien auf dem Vormarsch

Nur ein Ergebnis steht fest: Allergien sind auf dem Vormarsch. Schuld daran sind auch unsere Umweltbedingungen. Durch die Gifte, denen wir heute in vielfältiger Weise ausgesetzt sind, wird unser Immunsystem zusätzlich geschwächt. Und ein geschwächtes Immunsystem öffnet Allergien Tür und Tor. Nicht wenige von ihnen werden durch Substanzen in unserem persönlichen Umfeld ausgelöst. Hausstaubmilben, Schimmelpilzsporen, Tierhaare und -federn reichern unsere Raumluft bereits in hohem Maße an. Nun gesellen sich außerdem die unterschiedlichsten Chemikalien dazu:

- Blei von der Straße und Cadmium aus dem Abrieb von Teppichböden,
- Reizstoffe wie Formaldehyd aus Möbeln und Einbauten,
- Pestizide aus Holzschutzmitteln,
- organische Lösemittel aus Anstrichen,
- Farb- und Duftstoffe aus Haushaltsreinigern

und dergleichen mehr bilden einen alles andere als bekömmlichen Giftcocktail, der bei vielen Menschen Allergien aktivieren kann.
Wenn wir also davon ausgehen, daß wir zumindest in unserer Wohnumwelt entscheidend mitbestimmen können, sollten wir nicht zögern, unseren Wunsch nach gesundem und umweltfreundlichen Wohnen zu verwirklichen.

Kein Duft aus der Spraydose

Mit dem Druck auf den Sprühknopf verbessern wir nicht die Luft, sondern wir belasten sie.

Darum geht es:
Mit der Spraydose zaubern wir uns den frischen Duft von Äpfeln oder Zitronen herbei, den Geruch von Meer oder Gebirgswiesen. Die Bezeichnung Luftverbesserer ist allerdings sehr irreführend, denn diese Produkte steigern nicht etwa die Qualität der Luft, sondern belasten sie eher mit weiteren Substanzen. Unangenehme Gerüche werden dabei lediglich »übertüncht«.
Auf Druck der Öffentlichkeit wurde die giftige Chemikalie Paradichlorbenzol zumindest aus den Luftverbesserern für den Haushalt zurückgezogen. Welche Zutaten heute verwendet werden und wie sie wirken ist unklar. Deswegen ist von allen künstlichen Düften dringend abzuraten, zumal mit den Sprays ja auch Treibmittel (Ersatz für die ozonfressenden FCKW) in die Umwelt gelangen, deren Unbedenklichkeit noch nicht bewiesen wurde.

Das können Sie tun:
Luftverbesserer gehören zu den Produkten, auf die wir generell verzichten sollten. Gegen schlechten Geruch können wir auf verschiedene andere Weise vorgehen:

- Beseitigen Sie, wenn möglich, die Ursache unangenehmer Düfte: Räume gründlich lüften, volle Aschenbecher und Mülleimer ausleeren, Spülmaschine nicht zu lange mit schmutzigem Geschirr stehen lassen.
- Gut riechen ätherische Öle (in Drogerien oder Naturläden erhältlich). In einer Verdunsterschale aufstellen. Aber Achtung: Manche Öle können bei empfindlichen Menschen Allergien auslösen und in höheren Konzentrationen zu Gesundheitsbeeinträchtigungen führen.
- Gegen Küchengerüche hilft eine Messerspitze Kaffee auf die nicht zu heiße Herdplatte gestreut.
- Bratendünste, Fischgeruch und kalter Zigarettendunst werden mit Essigwasser gebunden: Eine Schale voll zum Verdunsten aufstellen.
- Gegen den Geruch in einem fensterlosen Klo hilft oft das kurzzeitige Aufstellen einer brennenden Kerze. Gut sichern! Wir raten allerdings davon ab, wenn Kinder im Haus sind.
- Schlechte Gerüche im Abfluß vermeiden Sie, indem Sie 50 Gramm Natron hineinschütten.

Und das gewinnen Sie:
Luftverbesserer verschlechtern im Grunde die Raumluft, so paradox das klingen mag. Nur wenn Sie auf solche Produkte verzichten, tragen Sie zur Verbesserung Ihrer Raumluft bei.

Jährlich werden in Deutschland Raumsprays im Wert von über 16 Millionen Mark hergestellt und verkauft.

Gute Luft in der Wohnung

Wir sollten unsere Raumluft reinhalten, damit das Leben in den eigenen vier Wänden nicht zur Gefahr für unsere Gesundheit wird.

Darum geht es:
Je nach Körpergröße verbraucht ein Erwachsener täglich etwa 15.000 bis 18.000 Liter Atemluft. Zu 90 Prozent atmen wir diese Luft in Innenräumen, von denen wiederum die Hälfte unsere eigenen vier Wände sind. Die Bedeutung des Wohnklimas für unsere Gesundheit ist deshalb nicht zu unterschätzen.
Indessen wird die Luft in Räumen immer schlechter. Zum einen liegt es daran, daß diese, um Energie zu sparen, immer besser abgedichtet werden. Zum andern belasten wir die Raumluft zusätzlich mit Chemikalien, die uns frei Haus geliefert werden: Asbest, Pestizide, Formaldehyd, Lösemittel, Weichmacher, Laugen und Säuren. In vielen Gegenden droht zudem noch radioaktive Belastung durch das Edelgas Radon, das aus uranhaltigem Gestein in die Wohnungen dringt (→ Literatur, Seite 86).

Das können Sie tun:

- Die einfachste Methode, für gute Raumluft zu sorgen ist, oft und gründlich zu lüften. Denn selbst an viel befahrenen Straßen ist nicht selten die Außenluft 50mal weniger mit Schadstoffen belastet als die Raumluft.
- Ein kurzzeitig weit geöffnetes Fenster ist sogar effektiver als jeder elektrische Luftreiniger. Diese sind teuer in der Anschaffung und verbrauchen zudem noch unnötig Energie.
- Rauchen in Wohnräumen führt zu sehr großer Luftbelastung. Es gibt nur den bekannten Rat: Abgewöhnen.
- Vermeiden Sie Materialien, die bedenkliche Chemikalien ausgasen können (→ Tips 19 bis 23, Seite 34 bis 38). Sind Sie bereits durch Schadstoffe nachweislich betroffen (Blutuntersuchung), sollten Sie Ihre Raumluft messen lassen (→ Adressen, Seite 91).
- Grünpflanzen können Schadstoffe aus der Raumluft filtern, zum Beispiel Amaryllis, Philodendron, Efeutute, Sansevieria, Birkenfeige, Drachenbaum, Farne und Palmen. Zu hohe Konzentrationen können Pflanzen allerdings auch nicht verkraften.

Und das gewinnen Sie:
Wenn Sie von vornherein auf beste Bedingungen für Ihr Wohnklima achten, sparen Sie sich die Ausgaben für medizinische Tests, Raumluftuntersuchungen und Sanierungen. Bessere Luft zum Atmen heißt aber nicht nur gesünder leben, sondern bedeutet auch eine sauberere Umwelt.

Rund 10 Prozent aller Wohnungen in der alten Bundesrepublik müßten laut Expertenmeinung wegen hoher Schadstoffbelastungen der Luft geräumt werden.

Teppichboden ohne Chemie

Bevorzugen Sie bei der Einrichtung Ihrer Wohnung natürliche Materialien.

Darum geht es:

Teppichböden sind seit den 60er Jahren bei uns immer beliebter geworden. Man schätzt sie wegen ihrer Wärme, Rutschfestigkeit und schalldämpfenden Wirkung. Die meisten davon sind rein synthetisch. Kunstfasern aber pflegen sich bei niedriger Luftfeuchtigkeit elektrostatisch aufzuladen, was viele Menschen in ihrem Wohlbefinden beeinträchtigt. Problematisch sind auch die Materialien der Rückenbeschichtung. Sie können gesundheitsschädliche Inhaltsstoffe ausgasen, vor allem giftige Weichmacher. Wollteppichböden sind meistens mit Mottengift behandelt (Eulanisierung), das zu Allergien führen kann. Lösemittelhaltige Teppichkleber und Paraffine, die aus Teppichböden über einer Fußbodenheizung ausdampfen können, geben dem giftigen Cocktail den Rest.

Das können Sie tun:

- Bevorzugen Sie Teppichböden aus Wolle, Ziegenhaar, Kokos und Sisal, ohne Mottenschutz und möglichst ohne Rückenbeschichtung aus Kunststoff. Sie sind atmungsaktiv und regulieren die Luftfeuchtigkeit.
- Verlangen Sie beim Händler pestizidfreie Ware, da in vielen Ländern noch Schädlingsbekämpfungsmittel eingesetzt werden.
- Unbehandelte Wollteppichböden können Sie zum Schutz gegen Motten mit Essigwasser abreiben. Vorher an einem Rest ausprobieren, wie der Teppich das verträgt. Mit Bürste oder Schwamm den Boden vorsichtig bearbeiten, aber nicht zu naß machen. Motten mögen Essigduft nicht. Befallene Stellen vorher gründlich absaugen, Essig-Prozedur ein paarmal wiederholen.
- Vermeiden Sie Teppichkleber, die Ihnen gerade vermiedene Schadstoffe wieder ins Haus bringen. Die meisten enthalten organische Lösemittel oder Formaldehyd. Lassen Sie sich vom Fachmann beraten.
- Lüften Sie bei neuen Teppichböden häufig, auch wenn Sie nichts riechen.
- Verzichten Sie bei Fußbodenheizung auf Teppichböden. Sinnvoller sind hier wärmeleitende mineralische Böden wie Klinker oder Terrakottafliesen.

Und das gewinnen Sie:

Sie leben gesünder, wenn Sie Materialien unter Ihren Füßen haben, die frei von chemischen Schadstoffen sind. Außerdem dankt es Ihnen die Umwelt, denn bei der Beseitigung von alten synthetischen Teppichböden entstehen Gifte, die Erde, Wasser und Luft verseuchen.

Fast 300 Millionen Quadratmeter Teppichböden werden jährlich in Deutschland verlegt.

Gesund schlafen

Um morgens frisch und erholt aufzuwachen, sollten wir für einen guten Schlafplatz sorgen.

Darum geht es:
Ein Drittel unseres Lebens verbringen wir im Bett. Wir benutzen es zum Schlafen, als Spielwiese, zum Frühstücken und manchmal sogar zum Arbeiten. Eine ganze Industrie bemüht sich, keineswegs selbstlos, uns all das so angenehm wie möglich zu machen: mit Bettgestellen, Matratzen, Decken, Kissen, Füllungen, Schlummerrollen und Bettwäsche aus den unterschiedlichsten Materialien und in jedem gewünschten Design.
Wenn wir dennoch unausgeschlafen aufwachen, liegt es möglicherweise an chemischen Schadstoffen, die aus Möbeln, Lacken, Farben, Kunststoffen oder Klebern ausdünsten und unsere »Schlaf«-Luft belasten.
Für Allergiker kann das Schlafen auch deshalb zur Qual werden, weil sie auf manche Naturmaterialien heftig reagieren. Ihnen können unsere naturnahen Tips leider nicht helfen.

Das können Sie tun:
- Kaufen Sie ein Bett aus natürlich behandeltem einheimischem Massivholz. Solche gesunden Betten sind bei Naturmöbelherstellern zu bekommen (→ Adressen, Seite 90).
- Sparen Sie nicht beim Matratzenkauf. Naturmaterialien wie Roßhaar, Schurwolle, Kokos, Naturlatex und Baumwolle sind gut wärme- und feuchtigkeitsregulierend, aber auch nicht billig.
- Vermeiden Sie Schaumstoffmatratzen, weil sie Wärme und Feuchtigkeit nicht gut regulieren können und dadurch ein unangenehmes Schlafklima erzeugen.
- Ein Lattenrost aus unbehandeltem Holz als Matratzenunterlage läßt auch die Luft von unten am besten durch.
- Bevorzugen Sie für Oberbetten und Bettwäsche natürliche Materialien wie Federn, Daunen, Schurwolle, Kamel- oder Lamahaar, Kaschmir, Wildseide, Leinen oder Baumwolle.
- Fragen Sie nach, ob der Hersteller garantieren kann, daß alle Materialien frei von Formaldehyd, PCP und Pestiziden sind.
- Lüften Sie Ihr Bett täglich. Dabei sollten Sie Decken und Kissen von der Matratze nehmen.

Und das gewinnen Sie:
Ein gesunder Schlaf entspannt bekanntlich Körper und Geist. Mit einer verbesserten Schlafqualität sorgen wir also dafür, daß uns auch der Alltag erleichtert wird.

Während des Schlafs wird von jedem Menschen etwa ein Viertelliter Schweiß abgesondert, der vom Bett aufgenommen wird.

Polstermöbel und Vorhänge zum Wohlfühlen

Richten wir uns mit Möbeln ein, die uns nicht daran hindern, tief Luft zu holen.

Darum geht es:
Schätzungsweise bis zu 3 Millionen Menschen müssen bei Staubfängern wie Plüschsofas und üppigen Vorhangbahnen die Nase rümpfen, denn sie sind allergisch auf Hausstaubmilben. Die Stoffgarnitur gegen eine aus Leder auszutauschen kann allerdings fatale Folgen haben. Da Leder teuer ist, greift man gern zu billigen Angeboten aus Fernost oder Südamerika. Deren Ledermaterialien sind aber gegen Schimmelbefall mit Pentachlorphenol (PCP) behandelt. Dieses Gift wurde als Zusatz in Holzschutzmitteln berüchtigt, und seit Ende 1989 ist sein Einsatz in den alten Bundesländern verboten (→ Tip 19, Seite 34). Auch Vorhänge können Chemie in die Raumluft abgeben, ob sie nun aus rein synthetischen Materialien oder aus einer Mischung von Naturfasern und Synthetics bestehen. Sogar die meisten Naturstoffe sind leider chemisch ausgerüstet (→ Tip 11, Seite 22).

Das können Sie tun:

- Achten Sie beim Kauf einer Ledergarnitur darauf, daß sie als PCP-frei gekennzeichnet ist. Die meisten deutschen Polstermöbel-Hersteller deklarieren so ihre Produkte.
- Vermeiden Sie Polsterfüllungen aus Schaumstoff (umweltbelastend bei Herstellung und Entsorgung). Entscheiden Sie sich statt dessen für Federn, Daunen, Roßhaar oder Kokos.
- Bevorzugen Sie bei textilen Sitzgarnituren abnehmbare und waschbare Stoffbezüge zum Beispiel aus Baumwolle oder Leinen.
- Lüften Sie bei neuen Möbeln und Vorhängen häufig.
- Wählen Sie Vorhänge aus Naturfasern wie Wolle, Seide, Leinen, Baumwolle oder Jute, und fragen Sie nach der chemischen Ausrüstung.
- Achten Sie bei Vorhängen auf waschbare Materialien, sonst holen Sie sich mit der später notwendigen chemischen Reinigung giftiges Perchlorethylen (Per) ins Haus.
- Waschen Sie neue Vorhangstoffe oder Gardinen, bevor sie genäht werden, und zwar so heiß, wie es der Stoff verträgt. Dadurch werden chemische Rückstände ausgeschwemmt. Fragen Sie beim Kauf von Meterware nach der Waschtemperatur.

Und das gewinnen Sie:
Sind Ihre Sitzmöbel, Vorhänge und Teppiche aus natürlichen Materialien und so chemiefrei wie möglich, leben Sie und Ihre Familie in einem gesünderen Raumklima.

Hausstaubmilben gedeihen am besten bei Temperaturen von 20 bis 25 Grad und bei einer Luftfeuchtigkeit von 70 bis 80 Prozent.

Quälgeister ohne Gift vertreiben

Wir sollten im Haus auf lästiges Kleingetier nicht mit chemischen Kanonen schießen.

Darum geht es:
Selbst wenn wir uns noch so bemühen, unser Zuhause hygienisch sauber zu halten, werden uns kleine Eindringlinge wie Motten, Fliegen, Mükken, Spinnen und Silberfischchen immer wieder arg belästigen. Da viele dieser »Untermieter« auch Krankheiten übertragen können, müssen wir gegen sie etwas tun. Dafür bietet uns die Industrie allerlei aus ihrem Giftschrank an: Insektizide wie Lindan, Dichlorvos (DDVP), als »Bio-Gifte« getarnte Nervengifte (Pyrethroide) und darüber hinaus einige noch nicht genau untersuchte Wirkstoffe, all das in Sprays, Strips, Elektroverdampfern, in Kugel- oder Pulverform. Diese Mittel, in der Wohnung angewendet, sind gesundheitsgefährdend und machen uns krank.

Das können Sie tun:
Wir können uns gegen Quälgeister erfolgreich wehren, indem wir vorbeugen und auf alte Hausmittel zurückgreifen.

- Gegen Motten hilft regelmäßiges Auslüften und Ausbürsten der Kleidungsstücke. Kleine Beutel mit Lavendel zwischen den Textilien wirken vorbeugend. Bei Befall Watte mit Kampfer tränken, in Butterbrotpapier einwickeln und in den Schrank legen.
- Fliegengitter vor dem Fenster halten Fliegen fern, ebenso Töpfe mit Tomaten, Duftpelargonien, Lavendel und Zitronenmelisse. Auch Lorbeeröl oder Essigwasser in Schalen aufgestellt oder mit Gewürznelken gespickte Zitronen oder Orangen helfen. Sonst die Fliegenklatsche benützen.
- Gegen Mücken schützen Sie sich sicher mit Fliegengitter oder Moskitonetz. Auch der Geruch von heißem Essigwasser vertreibt sie.
- Spinnen nicht töten, denn sie vertilgen lästige Insekten. Besser fangen (Glasgefäß über sie stülpen, dünnen Karton zwischen Untergrund und Glas schieben) und ins Freie befördern. Spinnennetze mit Besen oder Tuch entfernen.
- Gegen Silberfischchen, die nachts an Getreideprodukte gehen und auch an Papier, Leder und Stoff knabbern, Lücken und Ritzen in Fußboden und Wand abdichten, Abflüsse über Nacht zustöpseln, feuchte Räume trocknen. Oder zu gleichen Teilen Zucker und Borax vermischen und an die entsprechenden Orte zum Fraß auslegen. Das tötet sie.

Und das gewinnen Sie:
Wenn Sie in Ihrem Zuhause keines der im Handel angebotenen Gifte einsetzen, sparen Sie Geld und schützen außerdem Ihre Gesundheit.

Laut Umfragen werden in etwa 55 Prozent der bundesdeutschen Haushalte in Innenräumen noch immer Insektizide verwendet.

Natürlich schön und gesund

Für die meisten Menschen ist Gesundheit das höchste Gut. Wir sollten es nicht für die Schönheit aufs Spiel setzen.

Noch bis vor gar nicht allzulanger Zeit galt blasse Haut als schön. Dann kam die Reformbewegung und mit ihr die Freikörperkultur. Man ließ Sonne an die Haut, und seitdem ist Bräune in. Wider besseres Wissen und dem Hautkrebs zum Trotz setzen wir uns den schädlichen UV-Strahlen aus. Obwohl wir es an der eigenen Haut zu spüren bekommen. Ist das Modediktat stärker als unser »höchstes Gut«?
Unsere Haut: Mit rund 1,7 Quadratmetern unser größtes Organ. Robust und selbstpflegend. Schützt vor Austrocknung, Verletzung, reguliert den Wärmehaushalt, atmet mit und wehrt gefährliche Eindringlinge ab. Vermittelt Streicheleinheiten, Temperaturen, Schmerz und Berührungen aller Art. Und was tun wir mit ihr? Wir tragen sie neben vielem anderen für die Schönheit zu Markte. Getrennt nach Geschlecht und säuberlich in Anwendungsbereiche aufgeteilt.
Cremes, Lotionen und Öle fürs Gesicht, die Augen, den Hals, das Dekolleté, den Busen, Arme, Ellbogen und Hände, Bauch, Hüften, Oberschenkel und Füße. Dazu die Seifen, Dusch- und Schaumbäder, die Deodorants, Sonnenschutzmittel, das Arsenal von Haarpflege- und Färbemitteln und der riesige Vergnügungspark der Make-ups, Lidschatten, Maskara, Augenbrauen- und Kajalstifte, Rouges und Lippenstifte, Puder, Parfüms und Nagellacken. Ganz schwindlig kann einem bei der Aufzählung werden. Schwindelerregend sind auch die Profite. Über 12,5 Milliarden Mark setzen die Kosmetikhersteller jährlich hierzulande um.
Wir bezahlen aber nicht nur mit Geld, sondern auch mit unserer Gesundheit. Längst haben Hautärzte und Gesundheitsfachleute Alarm geschlagen, doch so richtig wollen wir es noch immer nicht wahrhaben. Noch immer träumen wir davon, Jugend, Schönheit und erfolgversprechendes Aussehen aus Töpfen und Tiegeln zu gewinnen. Und werden dabei von der Werbung kräftig unterstützt. Doch was sie uns auf den Verpackungen verkündet, können die Inhalte selten einhalten. Zumal sich die Produzenten hartnäkkig darüber ausschweigen, wie ihre Verzauberungsartikel nun eigentlich zusammengesetzt sind.

Untragbare Inhaltsstoffe

Erst seitdem ihnen in kritischen Reports immer wieder auf die Finger geklopft wurde, mußten sie ein wenig den Schleier lüften. Dabei stellten sich Inhaltsstoffe heraus, die für unsere Haut untragbar sind.

- Konservierungsmittel sind die umstrittensten. Sie werden eingesetzt, damit die Produkte mindestens 30 Monate haltbar sind, das heißt alle Lagerungszeiten in Fabrik, Geschäft und feuchten Badezimmern unbeschadet von Bakterien und Pilzen überstehen. Doch viele von ihnen sind allergieauslösend oder gar krebsverdächtig.

- Emulgatoren sorgen dafür, daß sich Öl und Wasser, die Hauptbestandteile von Cremes und Lotionen, nicht trennen. Einige können die Haut schädigen und Allergien auslösen.
- Farb- und Duftstoffe bestimmen die äußere Erscheinung des Produkts oder bei der dekorativen Kosmetik die der Verbraucherin. Doch sie können die Haut reizen, Allergien auslösen und einige stehen in Verdacht, Krebs zu erregen.

Die Liste ließe sich noch lange fortsetzen. Bei so viel Gefahr im Verzug müßte doch der Gesetzgeber eingreifen, meint man. Es ist auch keineswegs alles erlaubt, was der Gesundheit schaden kann. Immerhin sind zur Zeit 394 Substanzen verboten. Doch noch immer ist die Industrie nicht zur Volldeklaration aller verwendeten Stoffe verpflichtet. So kann jeder, der seine Cremes nur mit einem Hauch von Orangenblüten oder Aloe vera versetzt, sie als »Natur«- oder »Bio«-produkte verkaufen. Seitdem das Umweltbewußtsein gestiegen ist, steigt auch das Geschäft mit der Natur.

Mißbrauch mit Naturkosmetik

Über den Mißbrauch, der damit getrieben wird, klagen die verantwortungsbewußten Naturkosmetik-Hersteller. Sie verwenden in ihren Rezepturen bis auf wenige Ausnahmen natürliche Rohstoffe und haben sich auch zu sehr strengen Richtlinien verpflichtet, was die Herkunft dieser Rohstoffe anbelangt und wie sie verarbeitet werden. Konservierungsstoffe kommen zum Beispiel in solchen Produkten nicht vor.

An den Verbrauchern/innen liegt es, ob wir weiter Mißstände hinnehmen wollen, die vermeidbar wären.
Thema Verpackung: In kaum einer anderen Branche wird ein derartiger Aufwand getrieben wie bei Kosmetika. Die teuren Hüllen schlagen sich aber nicht nur im Preis nieder, sie erhöhen auch unnötig unsere Abfallberge und belasten zum Teil mit giftigem PVC unsere Umwelt.
Thema Spraydosen: In Deutschland enthalten die meisten keine Fluorchlorkohlenwasserstoffe (FCKW), die für die Zerstörung der Ozonschicht verantwortlich sind. Jedoch ist über die Wirkung der Ersatztreibmittel noch zu wenig bekannt. Treibgase wie Butan und Propan gelten aber bereits als umweltbelastend. Besser ist, auf Spraydosen zu verzichten und Pumpzerstäuber zu verwenden.
Thema Tierversuche: Es ist grausam, Heerscharen von Kaninchen, Meerschweinchen und Mäusen für unsere Schönheit zu quälen, und überdies umstritten, inwieweit Tierversuche das Risiko der Schädigung von Menschen verringern. Beim Deutschen Tierschutzbund (→ Adressen, Seite 90) gibt es eine Liste der Hersteller, die sich dagegen ausgesprochen haben. Fordern Sie sie an: »Positivliste Kosmetik ohne Tierversuche«.
Sanft zur Haut, sanft zur Umwelt. Wir sollten dieses Schlagwort ernst nehmen. Denn wir sind es, die natürlich gesund und schön leben wollen.

Hautschonend baden und duschen

Wenn Ihnen Ihre Haut lieb ist, sollten Sie sie nicht zu häufig einseifen.

Darum geht es:
Mit Wasser und Seife reinigen wir unsere Haut von Staub und Fett. Doch nicht jede Seife ist auch wirklich Seife. Die altbewährten Seifenstücke aus tierischen und pflanzlichen Fetten, die mit Natronlauge vermischt und gesotten werden, reagieren alkalisch, das heißt, sie verändern den Säureschutz unserer Haut und machen sie angreifbar für schädliche Bakterien und Pilze. Doch davon hat sich gesunde Haut nach ein bis zwei Stunden wieder erholt.
Die sogenannten Syndets, die in fester oder flüssiger Form (Waschstücke oder -lotionen) angeboten werden, enthalten hingegen künstliche waschaktive Substanzen, die Tenside, die auch in hartem Wasser gut schäumen. Allerdings benötigen flüssige Produkte Konservierungsmittel. Da Formaldehyd ab einem Gehalt von 0,05 Prozent auf der Packung angegeben sein muß, weichen die Hersteller auf andere Stoffe aus, von denen einige aber ebenfalls zu Allergien führen können. Syndets wirken leicht sauer bis neutral und beeinträchtigen den Säureschutz unserer Haut im Gegensatz zu Seife nicht, dafür trocknen sie sie stark aus.
Über die Hautverträglichkeit von Seifen und Syndets streiten sich die Experten, doch eines steht fest: Wir waschen uns zu häufig.

Das können Sie tun:
- Oft genügt es, sich nur mit Wasser zu waschen.
- Verwenden Sie Ihrer Haut zuliebe Reinigungsmittel sparsam, und spülen Sie mit Wasser gut nach.
- Bevorzugen Sie feste Seifen und Waschstücke, da die flüssigen Mittel Konservierungsstoffe enthalten.
- Syndets eignen sich für sehr fette Haut. Für trockene Haut ist stark rückfettende Seife zu empfehlen.
- Verzichten Sie auf Deoseifen. Sie greifen nämlich nicht nur die schweißzersetzenden Bakterien an, sondern auch alle schützenden Keime der Haut. Bei regelmäßigem Gebrauch wird sie anfällig für Infektionen und Allergien.
- Duschen ist besser als Baden, weil die Haut nicht so stark aufgeweicht wird.
- Eine »Katzenwäsche« mit dem Waschlappen halten Dermatologen am schonendsten für die Haut.

Und das gewinnen Sie:
Sie schonen Ihre Haut, wenn Sie sich nicht jeden Tag von Kopf bis Fuß einseifen. Und Sie tun etwas für die Umwelt, denn je sparsamer Sie mit Dusch- und Schaumbädern umgehen, desto weniger Tenside belasten unsere Gewässer.

Fünf Minuten Duschen spart gegenüber einem Wannenbad bis zu 100 Liter Wasser und 50 Prozent Energie.

Körperpflege mit Hand und Fuß

Unsere Haut hat einen natürlichen Schutz, der in der Lage ist, sich selbst zu regenerieren. Bringen wir diese Fähigkeit nicht durch Cremes aus dem Gleichgewicht.

Darum geht es:
Cremes und Lotionen sind Emulsionen aus Wasser und Öl. Zugesetzt werden Emulgatoren, die verhindern, daß sich die beiden Flüssigkeiten trennen. Rund 50 zugelassene Konservierungsmittel stehen gegen den Befall von Bakterien und Schimmelpilzen zur Verfügung. Antioxidantien unterbinden das Ranzigwerden der pflanzlichen Öle und Fette, und Duftstoffe sind der wichtigste Anreiz für die Verbraucher/innen. Jeder einzelne dieser Stoffe kann die Haut schädigen oder zu allergischen Erkrankungen führen: zum Beispiel Polyethylenglykole (PEG) und Fettalkoholsulfate (FAS) als Emulgatoren, Formaldehyd oder Ersatzstoffe wie Kathon als Konservierungsmittel, synthetische Antioxidantien, Mineralfette aus der Petrochemie und Duftnoten aus der chemischen »Hexenküche« .

Das können Sie tun:
Normalerweise funktioniert das eigene Pflegesystem der Haut gut. Es bildet eine natürliche Schutzschicht, die die Haut geschmeidig hält und gegen Witterungseinflüsse widerstandsfähig macht. Da diese jedoch zu oft, zu heiß und mit zuviel Seife weggewaschen wird, können Cremes und Lotionen nur zur Besänftigung unserer aufgebrachten Haut dienen. Die eigentliche Hautpflege kommt aber von innen. Wichtig ist eine ausgewogene Ernährung, wenig Alkohol und Nikotin, viel Bewegung an frischer Luft, ausreichend Erholung und Schlaf sowie die Vermeidung zu langer und häufiger Sonnenbäder.

- Eine Universalcreme für Gesicht und Körper reicht. Sie sollte einfach zusammengesetzt sein. Pflanzliche Öle und Fette pflegen die Haut besser als Mineralfette wie Paraffin.
- Suchen Sie nach Cremes und Lotionen, deren Inhaltsstoffe auf den Packungen angegeben sind.
- Bei Babycremes können Sie davon ausgehen, daß sie die wenigsten Zusatzstoffe haben.
- Meiden Sie Produkte mit Konservierungsmitteln. Nicht konservierte Cremes und Lotionen sollten Sie im Kühlschrank aufbewahren und rasch verbrauchen.
- Probieren Sie es einmal mit einer selbsthergestellten Creme. Rezepte dafür gibt es in vielen Naturkosmetikbüchern (→ Literatur, Seite 86).

Und das gewinnen Sie:
Durchschnittlich 180 Mark gibt jeder Bürger im alten Bundesgebiet jährlich für Kosmetika aus und fast 80 Mark in den neuen Bundesländern. Sie können also viel Geld sparen, wenn Sie sich auf wenige gute Pflegemittel beschränken.

Jährlich werden in Deutschland für rund 2,5 Milliarden Mark Hautpflegemittel produziert.

Sonnengebräunt ohne Schaden

Wenn wir uns vor der Sonne mit allzuviel Chemie schützen, gehen wir gesundheitliche Risiken ein.

Darum geht es:

Sonnenbräune ist in, allen Warnungen der Hautärzte zum Trotz und obwohl 90 Prozent aller Hautkrebserkrankungen die Stellen befallen, die häufig der Sonne ausgesetzt sind. Wir setzen uns der Sonne ja nicht nur direkt aus, wir führen den Sonnenkult auch noch fort mit Heimsonnen und kleinen Solarien oder im teuren Sonnenstudio von nebenan. Besonders gefährden wir unsere Haut, wenn sie sonnenungewohnt ist. Um keinen Sonnenbrand zu riskieren, schützen wir uns mit dem Einsatz von Chemie – eben Sonnenschutzmitteln. Diese enthalten Inhaltsstoffe wie Konservierungsmittel, Emulgatoren, Duftstoffe und Filtersubstanzen aller Stärken. Einige von ihnen können Allergien und stark juckende oder brennende Hautausschläge auslösen, besonders wenn man sich starker Sonnenbestrahlung aussetzt.

Das können Sie tun:

- Wenn Sie auf Sonnenbräune nicht verzichten wollen, sollten Sie es ganz langsam angehen. Wichtig ist die Eigenschutzzeit Ihrer Haut. Sie läßt sich an den Brustwarzen erkennen: Helle Höfe signalisieren eine kurze Dauer (5 bis maximal 20 Minuten), dunkle eine längere (20 bis 40 Minuten). Überschreiten Sie diese Zeiten nicht, wenn Ihre Haut noch sonnenungewohnt und nicht geschützt ist.
- Wenn Sie diese Zeiten beim ersten Sonnenbaden unbedingt verlängern wollen, sollten Sie Sonnenschutzmittel mit einem hohen Lichtschutzfaktor verwenden. Dieser Faktor gibt an, wieviel mal länger man sich der Sonne aussetzen kann, ohne einen Sonnenbrand zu riskieren.
- Cremen Sie sich frühzeitig ein. Sonnenschutzmittel entfalten ihre volle Wirkung erst nach etwa einer halben bis einer Stunde.
- Da Inhaltsstoffe auf der Packung nicht angegeben werden müssen, ist es schwierig, krankmachende Substanzen zu vermeiden. Fragen Sie in Reformhäusern oder Naturläden nach volldeklarierten Produkten.

Und das gewinnen Sie:

Wenn Sie auf intensive Sonnenbäder verzichten, profitiert Ihre Haut. Sie ersparen ihr bedenkliche Sonnenschutzmittel und bewahren länger ihre Elastizität, so daß sie nicht so schnell hart und runzlig wird.

Schätzungsweise 5000 Menschen erkranken in der alten Bundesrepublik jährlich an Hautkrebs.

Haare freundlich waschen

Wenn wir natürliche Mittel verwenden, wird Haarpflege nicht krank, sondern schön machen.

Darum geht es:
Shampoos enthalten vorwiegend stark schäumende Tenside, die den Schmutz lösen und das Haar anschließend kämmbar machen, Rückfettungsmittel, Konservierungsmittel, Duft- und Farbstoffe. Gegen Schuppen werden Substanzen eingesetzt, von denen einige so aggressiv sind, daß sie die Schuppenbildung eher noch anregen. Tönungsshampoos und Farbfestiger enthalten sogenannte Direktfarben. Sie lagern sich oberflächlich an das Haar an und verschwinden nach einer oder mehreren Wäschen. Oft sind ihnen jedoch Oxidationsfarben beigemischt, was auf dem Etikett nicht angegeben werden muß. Diese Färbechemikalien greifen aber nicht nur das Haar an, sondern können auch zu Allergien und im schlimmsten Fall sogar zu Krebs führen.

Das können Sie tun:

- Waschen Sie Ihr Haar nur höchstens alle drei Tage, da es sonst zu stark entfettet wird.
- Nehmen Sie statt Shampoo ab und zu ein bis zwei Eigelb: Verrühren, ins Haar massieren, spülen. Nicht zu heiß waschen, sonst gerinnt es.
- Bevorzugen Sie Schuppenshampoos mit dem milderen Octopirox.
- Spülen Sie Ihr Haar gründlich mit Wasser aus. Mit etwas Essig oder Zitronensaft im letzten Spülwasser wird es locker und glänzend.
- Pflegende Zusätze in Shampoos oder Pflegespülungen sind nutzlos, weil sie in der kurzen Zeit, die sie auf dem Kopf sind, ihre Wirkung gar nicht entfalten können.
- Nehmen Sie statt Tönungsshampoos lieber natürliche Mittel: Für Blond Kamillenblüten und Zitrone; für Braun Walnußschalen, Rosmarinblätter und -blüten oder schwarzen Tee (→ Literatur, Seite 86).
- Das pflanzliche Haarfärbemittel Henna für rötliche Töne ist häufig mit Pestiziden belastet. Wie das Umweltmagazin »natur« im August 1990 berichtete, fanden sich bei einigen Produkten bis zu fünf verschiedene Pestizide (→ Adressen, Seite 90).

Und das gewinnen Sie:
Wenn Sie sich auf ein Haarpflegemittel beschränken und Ihr Haar nicht zu oft waschen, tun Sie nicht nur ihm Gutes an, sondern auch der Umwelt. Weniger Wasser wird verbraucht und mit weniger Tensiden belastet, auch landen weniger Verpackungen zum Teil aus giftigem PVC auf dem Müll.

Einige Hersteller, die in der Bundesrepublik mit Haarsprays ohne FCKW werben, verkauften sie noch 1990 im Ausland mit den ozonschädigenden Treibmitteln.

Gesund ohne Pillen

Wenn wir gesund und ausgewogen leben und essen, können wir auf so manche Pille verzichten.

Darum geht es:
Die Kosten für unsere Gesundheit steigen ständig. Bereits 1989 gaben die Bundesbürger für Arzneimittel und Gesundheitspflege 40 Milliarden Mark aus. Ein stolzer Betrag, den wir senken könnten, wenn wir zum Beispiel unseren enormen Pillenverbrauch einschränken würden. Rein statistisch schluckt jeder Deutsche jährlich über 730 Tabletten. Oft gegen Beschwerden, die sich nur aufgrund einer ungesunden Lebensweise eingestellt haben, oder gegen leichte Verstimmungen, die sich auch ohne »Chemie« in Ordnung bringen ließen.

Das können Sie tun:

- Lassen wir es erst gar nicht dazu kommen, zu viele Medikamente einnehmen zu müssen. Wenn wir unseren Organismus stärken, wird er auch weniger anfällig. Wichtig ist eine ausgewogene Ernährung, wenig Alkohol und Zigaretten, viel Bewegung an frischer Luft sowie ein gesunder Schlaf und ausreichende Erholung vom Alltagsstreß.
- Greifen Sie nicht bei jedem Wehwehchen gleich zu einer Pille, noch dazu, wenn sie Ihnen nicht vom Hausarzt verordnet wurde. Besprechen Sie sich lieber mit ihm, ob Sie bei leichten Gesundheitsbeschwerden auch ohne Chemie auskommen könnten oder natürliche Mittel als unterstützende Heilungshilfen einsetzen sollten. Gegen manches helfen auch altbewährte Hausmittel.
- Ein Kamillendampfbad hilft gegen leichte Erkältungen: Handtuch über Kopf und Topf ziehen und den Kamillendampf etwa 10 Minuten inhalieren.
- Essig wirkt, äußerlich angewendet, kühlend und lindernd: mit lauwarmem Essigwasser getränkte Wadenwickel helfen Fieber senken, kalte Essigumschläge besänftigen Blutergüsse, Prellungen und Verstauchungen, heiße Essigumschläge können sogar Hexenschuß mildern.
- Ein warmes Fußbad vor dem Schlafengehen bringt Entspannung.
- Probieren Sie mal die Wirkung von Heilpflanzentees bei Nervosität oder zeitweisen Schlafstörungen, bei Verdauungsschwierigkeiten, Magenverstimmungen oder zur Vorbeugung gegen Erkältungskrankheiten (→ Literatur, Seite 86).

Und das gewinnen Sie:
Sie sparen nicht nur Geld, sondern ersparen Ihrem Körper zusätzliche Belastungen, wenn Sie ab heute versuchen, gesünder zu leben und nicht bei jeder Gelegenheit nach eigenem Gutdünken zu rezeptfreien oder bereits vorhandenen Pillen zu greifen.

37 Prozent aller Vergiftungen bei Kindern im Haushalt werden durch Medikamente verursacht, die für unsere Kleinen erreichbar herumlagen.

Kinder vor Chemie schützen

Kinder sind vom ersten Tag ihres Lebens an mit Chemie belastet. Dessen sollten wir uns bewußt sein und etwas dagegen tun.

Am besten geht es den kleinen Wesen noch im Mutterleib. Warm und freundlich ist es dort. Das Fruchtwasser schützt sie, über die Nabelschnur werden sie von der Mutter ernährt – und doch fängt bereits hier die Belastung an. Denn leider bleiben sie von den Schadstoffen, denen die Mutter ausgesetzt ist, nicht verschont. Und das setzt sich so fort.
Mit dem ersten Atemzug füllt das Neugeborene seine Lungen mit Luft, die nach Erkenntnissen von Lufthygienikern mit einer Vielzahl von Chemikalien »vollgestopft« ist. Zufrieden nuckelt es an der Mutterbrust und verleibt sich mit den aufbauenden Nähr- und Immunstoffen auch giftige Dioxine ein. Es wird in sein erstes Hemdchen gekleidet und nimmt durch die Haut allerlei bedenkliche Stoffe auf. Es liegt im frisch eingerichteten Kinderzimmer in seinem Bettchen und atmet reizende Gase ein, die aus Möbeln, Böden, Wänden und Textilien ausdünsten.

Belastung durch Chemie

Diese Aufzählung, die mehr nach der Beschreibung eines Gruselkabinetts klingt, will sich so gar nicht in das Bild einer heilen Kinderwelt fügen. Nein, heil ist diese längst nicht mehr, haben sich doch in den letzten Jahren die Meldungen von der zunehmenden Belastung der Kinder durch Chemie erschreckend gehäuft.

- Allergien im Kindesalter sind gestiegen. Für diese Zunahme macht man auch allergieauslösende und oft auch krebserregende Stoffe in Baumaterialien, Reinigungsmitteln oder aus Rückständen in Nahrungsmitteln verantwortlich. Aufgrund erhöhter Belastungen mit Schadstoffen in der Kindheit sind vermehrt Krebserkrankungen als Spätfolgen zu befürchten.
- 500.000 unserer Kinder leiden schon an Bronchialasthma. Bei über 75 Prozent dieser Kinder sind Allergien mitverantwortlich für die Erkrankung.
- Schätzungsweise jedes zehnte Kind zwischen fünf Monaten und zehn Jahren erkrankt hierzulande an Pseudokrupp. Bei dieser durch eine Virusinfektion bedingten Kehlkopfentzündung kommt es zu krampfartigem Husten und lebensbedrohlichen Erstickungsanfällen. Für die Überempfindlichkeit der Atemwege werden die Schadstoffe in der Luft mitverantwortlich gemacht. Kinder in stark verschmutzten Gebieten erkranken dreimal häufiger daran.

Wenn man sich erst einmal auf die Spur begeben hat, wird man deprimiert feststellen, daß es kaum einen Bereich gibt, in dem Kinder nicht mit schädlicher Chemie in Berührung kommen. Sie steckt in der Kinderernährung, in Textilien und im Spielzeug, in Malstiften, Klebern und Bastelartikeln, in Möbeln, Bodenbelägen und Putzmitteln. Angesichts dieser Tatsache kann einem angst und bange werden. Mutlos müssen wir uns als Eltern fragen, wie wir der Sache überhaupt beikommen sollen? Sollen wir resignieren und unsere Kinder unter einer keimfreien Glasglocke aufwachsen lassen? Oder soll uns nicht endlich die Wut packen? Es ist höchste Zeit, wenigstens dafür zu kämpfen, daß unsere Kinder wieder giftfreie Muttermilch bekommen.

Eine bessere Zukunft

Allerdings werden wir bei dem Versuch, Abhilfe zu schaffen, oft an Grenzen stoßen, denn sich der Chemisierung zu entziehen ist nicht so einfach, wenn nicht gar unmöglich. Doch an diesem Punkt die Flinte ins Korn zu werfen wäre zu kurzsichtig. Sehen wir es einmal positiv: Alles, was wir in Richtung Umweltschutz unternehmen, hat Zukunft, und zwar eine bessere. Suchen wir also um unserer Kinder willen nach Ursachen und Hintergründen der jetzigen Situation, und verlassen wir uns nicht auf den Gesetzgeber, der es schon richten wird. Er tut es nicht, solange wir uns nicht rühren. Das lehren uns die Dinge, die inzwischen schon bewirkt wurden. Fast immer waren es betroffene Eltern, die einen Stein ins Rollen gebracht haben.

- Ohne die Initiative von Eltern und Ärzten wären die Zusammenhänge zwischen Pseudokrupp und Luftverschmutzung nicht in die öffentliche Diskussion gekommen.
- Ohne den Boykott zorniger Eltern würden wahrscheinlich auch heute noch Wegwerfwindeln auf den Markt kommen, die hochgiftige Dioxine aus der Chlorbleiche enthalten.
- Ohne kritisches Verbraucherverhalten gäbe es nach wie vor zu viele Badezusätze und Shampoos, die zwar wunderschön schäumen, dafür aber das krebsfördernde Dioxan enthalten.

Verlassen wir uns also nicht auf die Lobpreisungen und Schönfärbereien der Hersteller. Folgen wir nicht jedem Modetrend und verzichten wir auf rein konsumorientierte Artikel. Schließen wir uns Gruppen an, die die Umwelt schützen – gebrauchen wir unsere Macht als Verbraucher. Und fangen wir dort an, wo wir alles in der Hand haben: Befreien wir unseren Haushalt von all der unnützen Chemie, die Kindern so gefährlich werden kann.

Babyfreundlich wickeln

Wickeln Sie Ihr Baby mit Windeln, die es am besten verträgt und in denen es sich wohl fühlt.

Darum geht es:
Etwa 80 Prozent der bundesdeutschen Eltern benutzen heute Höschenwindeln aus Zellstoff. 10 Prozent verwenden Stoffwindeln, und der Rest bedient sich der billigsten Methode, den Windelhöschen aus Kunststoff mit Zellstoffeinlagen. Für die Hersteller von Einwegwindeln lohnt sich das Geschäft mit dem Babypopo: jährlicher Umsatz hierzulande mehr als 900 Millionen Mark.
Noch vor einiger Zeit waren Wegwerfwindeln wegen Rückständen von Dioxin im chlorgebleichten Zellstoff in Verruf geraten. Daraufhin boykottierten Eltern diese Produkte mit dem Erfolg, daß ein führender Hersteller den Chloreinsatz um 95 Prozent senkte. Es gibt inzwischen schon Firmen, die völlig ungebleichte Windeln anbieten. Auch Duftstoffe und optische Aufheller sind heute aus nahezu allen Windeln verbannt.
Alle Wegwerfwindeln sind jedoch umweltbelastend sowohl bei der Herstellung als auch bei der Verbrennung. Sie machen 3 Prozent des deutschen Hausmülls aus. Täglich landen über 6 Millionen Höschenwindeln in der Mülltonne.

Das können Sie tun:
Um die Ökobilanz von Wegwerf- und Stoffwindeln wird heute häufig gestritten. Belasten die einen den Müllberg, wird durch die anderen viel Energie, Wasser und Waschmittel verbraucht. Richten Sie sich deshalb lieber nach dem Wohlbefinden Ihres Babys.

- Beginnen Sie mit Stoffwindeln, und wechseln Sie ruhig die Wickelmethode, wenn Ihr Baby wund ist.
- Bei Stoffwindeln empfehlen wir Ihnen die aus nicht entfetteter Wolle gestrickte Windelhose. Sie wird seit einiger Zeit von umweltbewußten Eltern als Umhüllung bevorzugt, da sie sehr viel Feuchtigkeit aufsaugt und kaum Uringeruch annimmt. Bei normalem Einnässen kann sie einfach an der Luft getrocknet werden. Außerdem ist sie luftdurchlässig, wodurch das Wundwerden des Pos vermindert wird.
- Stoffwindeln machen natürlich mehr Arbeit als Wegwerfwindeln. Doch vielleicht gibt es in Ihrer Nähe einen Windelservice. Er liefert pro Woche eine bestimmte Anzahl Windeln ins Haus und nimmt die verschmutzten im Austausch mit (→ Adressen, Seite 91).

Und das gewinnen Sie:
Ob Höschen- oder Stoffwindeln, wichtig ist, daß Ihr Kind sich wohl fühlt. Immerhin würden Sie bei einem Verzicht auf Höschenwindeln dazu beitragen, daß jährlich nicht mehr 2,2 Milliarden Wegwerfwindeln auf dem Müll landen.

Rund 8000 Windeln braucht Ihr Kind in den ersten drei Jahren seines Lebens, bis es schließlich trocken wird.

Babynahrung ohne Folgen

Wir können verhindern, daß unsere Kinder bereits im zarten Alter zuviel Chemie mit der Nahrung schlucken.

Darum geht es:

Muttermilch ist durch die hohen Belastungen mit polychlorierten Biphenylen (PCB) und Dioxinen ins Gerede gekommen. Dennoch ist sie laut Expertenmeinung in den ersten vier Monaten das Beste fürs Baby.

Ernährt man den Säugling mit Muttermilchersatz, müssen Fläschchen und Sauger sterilisiert werden. Bei der Kaltsterilisierung werden sie in einer Natriumhypochlorit-Lösung desinfiziert, und wenn man nicht gut mit Wasser nachspült, finden sich bedenkliche Reste anschließend in der Nahrung wieder.

Gesundheitsschäden können Säuglinge auch erleiden

- durch Nitrat, das in manchen Gegenden das Trinkwasser stark belastet,
- durch Kupfer, das aus Wasserleitungsrohren herausgewaschen wird,
- durch Schwermetalle wie Blei, Cadmium und Quecksilber, die sich in der Nahrung ablagern, und
- durch Pestizide im Trinkwasser, Obst und Gemüse.

Das können Sie tun:

- Experten empfehlen, vier Monate lang voll zu stillen und dann bis zum sechsten Monat langsam abzustillen, da in dieser Zeit die Vorteile der Muttermilch größer sind als alle Schadstoffprobleme.
- Danach lassen Sie Ihre Milch am besten untersuchen. Dies wird mittlerweile von vielen Gesundheits- und Lebensmitteluntersuchungsämtern kostenlos durchgeführt.
- Zur Zubereitung von adaptierter oder teiladaptierter Säuglingsnahrung in den ersten sechs Monaten nur Wasser verwenden, das höchstens bis zu 10 Milligramm Nitrat pro Liter enthält. Beim Wasserwerk nachfragen.
- Nur Mineralwasser verwenden, auf dem die Inhaltsstoffe angegeben sind. Nach der Mineral- und Tafelwasserverordnung ist für Babynahrung nur geeignet, was weniger als 10 Milligramm Nitrat, 0,02 Milligramm Nitrit, 20 Milligramm Natrium und 1,5 Milligramm Fluorid pro Liter enthält.
- Trinkwasser auf Kupfergehalt untersuchen lassen (→ Adressen, Seite 91) und im Zweifelsfall für die Zubereitung von Babynahrung auf Mineralwasser ausweichen.
- Fünf- bis zehnminütiges Auskochen (im Dampfdrucktopf drei Minuten) von Fläschchen und Sauger ist dem Sterilisieren im Kaltbad vorzuziehen.
- Babykost nur aus frischem, ungedüngtem und ungespritztem Obst und Gemüse zubereiten (Bioladen). Bei unsicherer Herkunft ist Gläschennahrung empfehlenswert.

Und das gewinnen Sie:

Sie gewinnen mehr Sicherheit, wenn Sie die Gefahren, die durch Chemikalien in der Babynahrung hervorgerufen werden, kennen und wissen, wie Sie ihnen begegnen können.

Gesund baden und cremen

Übertriebene Reinlichkeit bei der Kinderpflege ist überflüssig und stört den natürlichen Hautschutz.

Darum geht es:
Seitdem Eltern kritischer mit den Produkten umgehen, mit denen sie ihre Kinder pflegen, hat sich auf dem Markt einiges getan. Mit Pestiziden oder problematischen Konservierungsmitteln, wie sie noch 1986 vom »Öko-Test-Magazin« in Cremes, Shampoos oder Zahnpasten nachgewiesen wurden, muß heute nur mehr vereinzelt gerechnet werden. Weil Kinderhaut zart ist, glauben wir, sie mit besonders vielen Mitteln behandeln zu müssen. Doch die Haut hat einen natürlichen Schutz, der sich selbst erneuern kann. Diese Fähigkeit wird durch allzuviel Chemie nur aus dem Gleichgewicht gebracht.

Das können Sie tun:
Solange ein Baby sich nur in den Windeln schmutzig macht, ist tägliches Baden überflüssig. Erst wenn es krabbelt und sich so richtig verdreckt, ist die abendliche Säuberung mit Babyseife oder einem Detergentium mit niedrigem pH-Wert angesagt.

- Es genügt, Ihr Baby mit lauwarmem Wasser zu waschen und bloß alle zwei bis drei Tage zu baden. Verwenden Sie milde Zusätze oder ein Ölbad.
- Den Po pflegen Sie am schonendsten mit pflanzlichen Ölen ohne Konservierungsstoffe. Eine Creme ist nur dann notwendig, wenn er wund wird. Auch für die Körperpflege genügt Öl vollkommen.
- Auf Puder können Sie ebenfalls verzichten. Mit Öl oder Creme wird er bröcklig und reizt die Haut.
- Haarewaschen ist den meisten Kindern ein Greuel. Verwenden Sie Shampoo sehr sparsam und je nach Haarwuchs der Kleinen. Oft reicht ein verquirltes Eigelb zur Reinigung.
- Unerläßlich ist jedoch das tägliche Zähneputzen. Seit einigen Jahren wird Zahnpasten auch Fluor zum Schutz gegen Karies zugesetzt. Da Kinder regelmäßig Fluortabletten einnehmen (übrigens eine umstrittene Maßnahme), besteht die Möglichkeit, daß sie zuviel davon abbekommen. Und das ist fatalerweise schädlich für die Zähne. Deshalb ist eine fluorfreie Zahncreme vorzuziehen. Beraten Sie sich mit Ihrem Zahnarzt.

Und das gewinnen Sie:
Sie sparen Geld, wenn Sie sich bei der Pflege Ihres Kleinkinds auf wenige, dafür sorgfältig ausgewählte Produkte beschränken. Und Sie helfen die Umwelt zu entlasten, denn dadurch landen auch weniger Verpackungen aus Kunststoff, Glas oder Metall auf dem Müll.

Jährlich werden in Deutschland Kinderpflegemittel im Wert von 360 Millionen Mark hergestellt.

Chemiefrei kleiden

Damit die zweite Haut für unsere Kleinen auch tragbar wird, darf sie möglichst nicht mit Chemie behandelt sein.

Darum geht es:
Kinderkleidung soll niedlich aussehen, praktisch und unempfindlich sowie leicht zu pflegen sein. In erster Linie bestimmen modischer Schick und Preis die Wahl, von Hautfreundlichkeit ist kaum die Rede. Die sollte uns aber gerade bei der zarten Babyhaut besonders am Herzen liegen. Indessen sind heute nahezu alle Textilien mit Formaldehyd »veredelt«, um sie pflegeleicht zu machen. Formaldehyd muß in Kleidungsstücken jedoch erst ab einem Grenzwert von 1500 mg/kg angegeben sein.
In Wollsachen können sich Rückstände von Pestiziden (Lindan) befinden, mit denen Schafe gegen Ungeziefer eingesprüht werden. Weitere reizende Substanzen sind Farbstoffe und optische Aufheller. All diese Chemikalien können Säuglinge in großer Menge durch Haut oder Mund aufnehmen, da sie ja auch gern an der Strampelhose oder dem Hemdenzipfel nuckeln.

Das können Sie tun:
Leider muß man sagen, daß es unbehandelte Materialien kaum gibt. Es empfiehlt sich aber, Kinderkleidung aus reinen Naturfasern Synthetics aller Art vorzuziehen. Die Materialzusammensetzung muß auf dem Etikett deklariert sein.

- Aus den Vermerken in der Kleidung läßt sich auf chemische Ausrüstung schließen. Zum Beispiel bedeutet »pflegeleicht« oder »knitterfrei« bei Baumwolle meist eine Behandlung mit Formaldehyd. »Filzfreie« Wolle ist mit Kunststoff überzogen. »Soil-repellent« (schmutzabweisend) wird ein Stoff durch Beschichtung mit Acrylaten.
- Dagegen weist »Sanfor« (nicht jedoch »Sanfor plus«!) auf dem Etikett auf weitgehenden Verzicht von Formaldehyd hin. Einige Naturtextilienhersteller (→ Adressen, Seite 90) lassen ihre Rohstoffe auch regelmäßig auf Schadstoffrückstände untersuchen.
- Bunte Sachen sollten farbecht sein (garantiert durch hohe Temperaturangaben in der Waschanleitung). Ratsam ist ungefärbte Unterwäsche.
- Neue Sachen vor dem Tragen mehrmals so heiß wie möglich waschen, damit ein Großteil der Chemikalien ausgeschwemmt wird. Dabei berücksichtigen, daß die Stücke eingehen können, und ein bis zwei Nummern größer kaufen.
- Fragen Sie den Händler nach bedenkenloser Kleidung und verlangen Sie ein Prüfetikett.

Und das gewinnen Sie:
Wenn Sie darauf achten, daß keine chemiehaltige Kleidung mehr an die Haut Ihres Kleinkinds kommt, mindern Sie Allergien und andere Krankheiten.

90 Prozent aller Baumwolltextilien sind mit Formaldehyd »veredelt«. 7500 Tonnen verbraucht die Textilindustrie davon im Jahr.

Gefahrloses Spielzeug kaufen

Spielsachen müssen einiges mitmachen, sollen aber nicht krankmachen.

Darum geht es:
Kinder brauchen Spielzeug. Daran wird geschleckt und gekaut, oft wird es auch verschluckt. Deswegen dürfen von Spielsachen keine Gefahren ausgehen. Diese lauern zum Beispiel in schwermetallhaltigen Lacken und Farben, in Materialien, die rasch Feuer fangen oder in zu kleinen Gegenständen.
Ab Januar 1991 müssen alle Spielzeughersteller der EG ihre Produkte mit dem CE-Zeichen (CE = Communauté Européenne) versehen. Zum Beispiel ist vorgeschrieben:
- Schwermetalle dürfen nur mehr in Spuren vorkommen.
- Lacke und Farben dürfen sich beim Ablutschen nicht mehr lösen.
- Textilien müssen schwer entflammbar sein.
- Der Weichmacheranteil in Kunststoffen darf nur bis 49 Prozent betragen.
- Gegenstände müssen so groß sein, daß sie von Kindern unter drei Jahren nicht verschluckt werden können.

Leider reichen diese Bestimmungen aber nicht aus oder können durch Billigimporte, zum Beispiel aus Asien, umgangen werden.

Das können Sie tun:
- Kaufen Sie keine Billigimporte. Hinweis darauf ist die Herkunftsbezeichnung »Made in ...«
- Achten Sie beim Kauf zumindest auf das CE-Zeichen, besser noch auf die orangefarbene »spiel gut« - Plakette. So gekennzeichnetes Spielzeug wurde auf Verarbeitung, Material, Sicherheit und Umweltfreundlichkeit hin getestet. Nicht alle Hersteller, die damit ausgezeichnet wurden, bedienen sich der Plakette. Sie sind aber in einem Verzeichnis zusammengefaßt, das Sie bestellen können (→ Adressen, Seite 91).
- Ziehen Sie bei Holzspielsachen die bunt gebeizten den lackierten vor.
- Kaufen Sie lieber ein Tier aus Plüsch statt aus weichem Kunststoff. Kinder können Teile davon abbeißen und hinunterschlucken. Die Magensäfte lösen den Weichmacheranteil heraus, und zurück bleiben harte, gefährliche Klumpen, die zu inneren Verletzungen führen können.
- Bedenken Sie, daß Kunststoff wie PVC nahezu unverrottbar ist und bei der Müllverbrennung giftige Stoffe freisetzt.

Und das gewinnen Sie:
Spielzeug, das der Umwelt nur wenig Schaden zufügt, das langlebig und vielseitig verwendbar ist und bei der Herstellung und Entsorgung Erde, Wasser und Luft nicht mit Giftstoffen belastet, ist für Gesundheit und Zukunft unserer Kinder gut.

Das Produktionsvolumen der bundesdeutschen Spielzeughersteller betrug 1988 die Riesensumme von rund 1,7 Milliarden Mark.

Achtung vor Gift in der Wohnung

Wenn wir Gefahren, die von Chemikalien ausgehen, vermeiden, können wir unsere Kleinen vor Schäden bewahren.

Darum geht es:
Bei der Luft in Kinderzimmern fängt es an. Giftige Gase dünsten aus Fußbodenbelägen, Wänden oder Möbeln, und wenn die Eltern Raucher sind, hängt sich auch noch ungesunder blauer Dunst fest. Kleinkinder sind dem allem länger und intensiver als Erwachsene ausgesetzt.
Hinzu kommen all die Chemikalien, die sich heutzutage in einem Haushalt finden: Putz- und Spülmittel, bunte Pillen, Reinigungsmittel in der Sprühflasche, Lack in der Spraydose, Mottenkugeln, Fliegensprays, Schneckentod, Rasendünger und und und. Mit allem können Kinder in Berührung kommen. Sie krabbeln auf behandelten und geputzten Böden herum, schlecken alles ab, stecken alles in den Mund oder verschlucken es. Jährlich erleiden etwa 40.000 Kinder schwere Schäden, weil sie sich mit solchen Mitteln vergiftet haben.

Das können Sie tun:

- Achten Sie bei der Einrichtung des Kinderzimmers besonders sorgfältig auf die Materialien. Welche Alternativen es dafür gibt, finden Sie in den Tips 19 bis 22, Seite 34 bis 37, und 26 bis 28, Seite 43 bis 45.
- Reinigen und pflegen Sie den Fußboden, sei er nun aus Holz, Stein, Kunststoff oder mit Teppich belegt, mit Mitteln, die so wenig Chemie wie möglich enthalten (→ Tip 3 und 4, Seite 12 und 13).
- Kaufen Sie Putz- und Reinigungsmittel mit kindersicheren Verschlüssen. Bewahren Sie sie aber trotzdem in einem verschließbaren Schrank auf (Schlüssel nicht stecken lassen)! Kontrollieren Sie alle Räume, wo solche Mittel stehen könnten, immer wieder nach.
- Lassen Sie Arzneimittel nicht herumliegen, zum Beispiel neben dem Bett, auf dem Eßtisch, in der Küche oder im Bad. Sie gehören in die abschließbare Hausapotheke!
- Verzichten Sie auf chemische Mittel zur Bekämpfung von Fliegen, Mücken oder Motten (→ Tip 29, Seite 46)
- Rücken Sie auch in Garage, Keller oder Hobbyraum alle gefährlichen Produkte aus der Reichweite von Kindern oder noch besser, verzichten Sie ganz darauf.

Und das gewinnen Sie:
Sie und Ihre Kinder leben gesünder, wenn Sie sich der Gefährdung durch Chemie im Haushalt bewußt sind und solche Mittel größtenteils aus Ihrem Umkreis verbannen.

33.000 Anrufe von jährlich 45.000 bei der größten deutschen Giftnotrufzentrale in Berlin betreffen Vergiftungen von Kindern.

Gefahrlos basteln und malen

Kinder malen, zeichnen, modellieren und basteln sich ihre Welt, in der sie leben. Dieses »Begreifen« mit den Händen darf nicht zur Gefahr werden.

Hanna, Lisa und Stefan malen mit Fingerfarben. Zuerst auf dem Papier, eine gelbe Sonne, eine grüne Wiese, einen roten Vogel. Sie malen weiter auf der Haut. Eine rote Nase, grüne Backen, gelbe Ärmel. Sie wischen sich mit den bunten Händen den Mund ab, lecken sich die Lippen. Hm, schmeckt wie Fruchtpudding. Gleich noch mal probieren.Ob ihnen das bekommt? Auf der Packung steht nicht drauf, was drin ist.

Jetzt ist Kneten angesagt. Hanna macht einen Teller, Lisa den Apfel zum Drauflegen, und Stefan beißt hinein. Keine Angst, tot umfallen wie Schneewittchen wird er nicht. Doch Gift kann in dem Apfel schon sein. Weil Knete zum Essen ja nicht vorgesehen ist. Das kümmert Kinder allerdings herzlich wenig. Womit die Regelung des Gesetzgebers, Spielsachen einschließlich Kindermalfarben müssen so beschaffen sein, »daß sie bei bestimmungsgemäßem oder vorauszusehendem Gebrauch...die Gesundheit nicht durch...toxikologisch wirksame Stoffe oder durch Verunreinigungen schädigen«, ziemlich an der Wirklichkeit vorbeigeht.

Fingerfarben und Knete. Das sind nur zwei Bastelartikel von vielen, die mehr oder weniger Schadstoffe enthalten. Dabei haben sich die Hersteller von Fingerfarben vor nun schon vier Jahren zusammengetan und beschlossen, gut schmeckende und aromatisch duftende Inhaltsstoffe nicht mehr zu verwenden und einen Bitterstoff zuzusetzen, der verhindern soll, daß die Farben genascht werden. Außerdem vereinbarten sie, daß ihre Produkte nur mehr mit bestimmten Mitteln gefärbt und konserviert sein dürfen. Und wer alle diese Vorschriften einhält, darf seine Fingerfarben mit dem Hinweis kennzeichnen: »Entspricht der freiwilligen Vereinbarung über Fingermalfarben 1987«. Doch Untersuchungen haben gezeigt, daß Eltern sich immer noch nicht wirklich auf solche Auszeichnungen verlassen können.

Von Chemie nicht verschont

Es mutet einen fast zynisch an, daß selbst Spiel- und Bastelmaterial von Chemie nicht verschont ist. Denn Kinder möchten sich eine heile, gesunde Welt malen, formen, kneten und gestalten. Und was tun wir Erwachsene? Wir geben ihnen Hilfsmittel in die Hand, die unheilvoll und ungesund sind. Fingerfarben und Knetmassen sind dabei noch die harmlosesten. Es gibt viel schlimmere.

Zum Beispiel Kleber: Unter ihnen ist der bekannte Sekundenkleber ganz besonders tückisch. Er schmilzt im Nu zu einer unlösbaren Masse zusammen, und wenn er Fingerchen oder Augenlider verklebt hat, kann nur der Chirurg sie wieder auseinanderschneiden. Erwachsene kann es natürlich ebenso treffen, wenn sie sich ungeschickt anstellen. Von Klebern

geht aber noch eine andere Gefahr aus. Die Lösemittel, mit denen die meisten versetzt sind, wirken betäubend, lösen Rauschzustände und Halluzinationen aus und können tödlich sein. Schon Kinder erliegen dem »Schnüffelstoff«, zumal er leicht und preiswert zu beschaffen ist. Sie werden süchtig, und der Abstieg zu härteren Drogen ist programmiert.
Zum Beispiel Filzstifte: Kinder und Erwachsene benutzen sie gleichermaßen. Daß wir dabei gesundheitsschädliche Dämpfe aus Lösemitteln oder Konservierungsstoffen einatmen, wird uns erst dann bewußt, wenn wir Kopfweh kriegen. Doch daß zusätzlich die Farbstoffe Allergien und sogar Akne hervorrufen können, ist hauptsächlich für Kinder gefährlich, da meistens sie es sind, die sich die Haut damit bemalen.

Gefährliche Weichmacher

Zum Beispiel Modelliermassen: Sehr beliebt sind jene, die man im eigenen Ofen härten kann. Doch sie haben es in sich, nämlich gefährliche Weichmacher, die vor allem dann Unheil stiften, wenn Kinder an ihren eigenen Kunstwerken herumkauen oder sie gar verschlucken. Sind diese Modelliermassen bereits ausdrücklich nicht als Kinderspielzeug geeignet, sollten auch Erwachsene die Hände davon lassen. Denn beim Trocknen im Ofen ziehen beißende Dämpfe durch die Wohnung, die eingeatmet sehr gesundheitsschädlich sind. Wir sollten deshalb überlegen, ob wir die käuflichen Bastelutensilien überhaupt brauchen. Vieles läßt sich nämlich mit etwas Phantasie aus natürlichen Zutaten selbst herstellen. Lassen wir das, was nach Chemie riecht oder mit Warnhinweisen wie »Feuergefährlich«, »Von Kindern fernhalten«, »Reizt Augen und Haut« und »Nicht in das Abwasser gelangen lassen« einfach in den Regalen stehen. Seien wir mißtrauisch bei Billigware. Es könnten Importartikel sein, die nicht wie hierzulande üblich gekennzeichnet sind. Bringen wir Produkte, die wie Lebensmittel verpackt sind oder auf denen Lebensmittel abgebildet sind, erst gar nicht nach Hause. Kaufen wir nichts, was von vornherein zum Lutschen, Naschen oder Schnüffeln verführt.
Und das Wichtigste und Einfachste zum Schluß: Basteln wir wieder mehr zusammen mit unseren Kindern, denn damit schützen wir sie am besten und machen damit ihnen und uns die meiste Freude.

Basteln mit dem richtigen Material

Durch harte Chemikalien kann harmloses Basteln zur gefährlichen Angelegenheit werden.

Darum geht es:
Viele Bastelartikel sind nicht für Kinder, sondern höchstens für Erwachsene geeignet. Die Grenze zwischen Groß und Klein ist oft nicht leicht zu erkennen. Das Problem zeigt sich am Beispiel der Knet- und Modelliermassen. Dauerplastische Knetmassen bestehen meist aus Porzellanerden, Wachsen, Paraffin, Farb- und Konservierungsstoffen sowie weiteren Zutaten. Erfreulicherweise sind sie heute kaum mehr mit Schwermetallen belastet und enthalten auch keine gefährlichen Phthalat-Weichmacher. Die erhärtbaren Modelliermassen hingegen enthalten als Bindemittel PVC und giftige Weichmacher. Beim Trocknen im Ofen entstehen beißende Dämpfe, die Atemwege und Schleimhäute reizen. Für Kinder überhaupt nicht geeignet sind Mittel zum Glasätzen. Die darin enthaltene hochaggressive Flußsäure kann sich durch die Haut fressen und auch noch die Knochen angreifen. Ebenfalls abzuraten ist von Bastelmaterialien wie Kaltemaille und Gießharzen. Sie bestehen aus Kunststoffen und Härtern, die zum Teil stark hautreizend sind und als allergie- und krebserregend gelten.

Das können Sie tun:

- Stellen Sie für Ihre Kinder selbst eine Knetmasse her: Aus einem Salzmehlteig (2 Teile Mehl + 2 Teile Salz + 1 Teil Wasser) lassen sich hübsche Sachen formen.
- Wenn Sie Bastelmaterialien kaufen, sollten diese ausdrücklich für Kinder geeignet sein.
- Knet- und Modellierwachse sind erst für Kinder ab 4 Jahre zu empfehlen. Lassen Sie sie nicht daran lutschen oder etwas davon verschlukken.
- Härtbare Modelliermassen eignen sich weder für Kinder noch für Jugendliche. Packungen müssen den Warnhinweis haben: »Kein Kinderspielzeug! Gefahr von Gesundheitsschäden beim Verschlucken und beim Einatmen von Dämpfen.«
- Interessanter als alle käuflichen Materialien sind Blätter, Eicheln, Kastanien, Kieselsteine, Muscheln, Nüsse, Schneckenhäuser und anderes mehr. Vorsicht vor giftigen Pflanzen (→ Literatur, Seite 87).

Und das gewinnen Sie:
Ihre Kinder leben gesünder, wenn sie mit selbstgemachten und selbstgesammelten Materialien aus der Natur spielen. Das ist nicht nur preiswert, es weckt auch Naturverständnis. Hat das Gebastelte ausgedient und wird weggeworfen, geraten keine gefährlichen chemischen Substanzen in Luft, Boden und Grundwasser.

500 Millionen Mark geben unsere Fünf- bis Fünfzehnjährigen jährlich von ihrem Taschengeld in Spielwarenläden aus.

Mit natürlichen Farben malen

Malen soll Freude machen und nicht zum gesundheitlichen Risiko werden.

Darum geht es:
Wenn Kinder malen, landet die Farbe auch auf der Haut oder gar im Mund. Deswegen sollten Farben weder schwermetallhaltige Pigmente noch umstrittene Azofarbstoffe oder problematische Konservierungsmittel enthalten. Fingerfarben, die schon für Kinder ab 2 empfohlen werden, sollten Bitterstoffe beigemengt sein. Denn einige schmecken zu fruchtig oder enthalten das gesundheitsschädliche Formaldehyd.
Bei Tempera- und Deckfarben wurden nur mehr geringe Schwermetallkonzentrationen festgestellt. Plakatfarben enthalten teilweise organische Lösemittel. Diese Chemikalien sind auch den meisten Filzstiften zugesetzt; die wasserlöslichen wiederum enthalten zum Teil bedenkliche Konservierungsstoffe.
Bei Wachsmalstiften, Bunt- und Bleistiften können ebenso die Farbpigmente bedenklich sein.

Das können Sie tun:

- Am besten ist es, Fingerfarben selbst herzustellen und zwar aus biozid- und konservierungsstoffreiem Tapetenkleister und geeigneten Lebensmittelfarben. (Informieren Sie sich über die E-Nummern; einige Lebensmittelfarben sind bedenklich (→ Literatur, Seite 86).
- Selbstgemachte Farben in Schraubgläsern kühl aufbewahren. Nach ein paar Wochen lieber wegwerfen, da sie verdorben sein können.
- Käufliche Fingerfarben, die den Hinweis »Entspricht der freiwilligen Vereinbarung über Fingermalfarben 1987« tragen, sind im allgemeinen für Kinder geeignet. Auf jeden Fall prüfen, ob sie nicht doch gut riechen und schmecken und dadurch zum Naschen verführen.
- Erklären Sie Ihren Kindern, warum sie Farben und Stifte nicht in den Mund nehmen sollten.
- Plakatfarben sind für Kinder wegen ihres Anteils an organischen Lösemitteln nicht empfehlenswert.
- Filzstifte nur größeren Kindern geben. Sie sollten Wasser als Lösemittel enthalten und nicht mit Formaldehyd konserviert sein. In einigen Stiften stekken allergieauslösende Azofarben, deshalb nie die Haut damit bemalen.
- Farbreste, die beim Renovieren der Wohnung übrig geblieben sind, eignen sich nicht für Kinder.

Und das gewinnen Sie:
Wenn Sie mit Ihren Kindern zusammen malen und Farben ausprobieren, werden Sie entdecken, wieviel Kreativität in ihnen steckt und viel Freude daran haben.

Nur 27 von 70 getesteten Filzschreibern waren 1988 laut einem Test des Umweltmagazins »natur« für Kinder geeignet.

Kleben ohne Chemie

Warum zu harter Chemie greifen, wenn unsere Kinder mit natürlichen Stoffen kleben können.

Darum geht es:
Wenn Kinder ihre ersten Bastelerfahrungen machen, gehören auch Klebstoffe dazu. Die meisten Kleber sind aber nichts für sie, denn sie enthalten oft organische Lösemittel. Diese können eingeatmet schwere Gesundheitsschäden auslösen, oder sie verführen zum »Schnüffeln«, eine unter Kindern und Jugendlichen grassierende Sucht, die abhängig macht und sogar tödlich enden kann. Neben den stark lösemittelhaltigen Klebstoffen wie Alles- und Kontaktkleber gibt es noch Zweikomponenten- und Sekundenkleber. Besonders die Sekundenkleber sind äußerst gefährlich: Sie härten so schnell, daß betroffene Hautteile sofort untrennbar »zusammenschweißen«. Aneinandergeklebte Hautflächen wie Finger oder Augenlider können nur mehr vom Chirurg auseinandergeschnitten werden. Wasserlösliche Klebstoffe müssen mit Konservierungsstoffen haltbar gemacht werden, und diese können für Kinder ebenfalls bedenklich sein.

Das können Sie tun:
- Machen Sie für Ihre Kleinen einen Kleister ganz ohne Chemie, zum Beispiel aus Stärkemehl: 1 gehäufter Teelöffel in $^1/_8$ Liter kaltem Wasser anrühren und aufkochen, bis die Masse klebrig ist.
- Auch Eiweiß eignet sich sehr gut als Kleber für Papier und Pappe.
- Wasserlösliche Kleber wie Papier- und Bastelkleber und Klebestifte sind ebenfalls für Kinder geeignet, wenn sie Konservierungsstoffe enthalten, die für Lebensmittel zugelassen sind.
- Tapetenkleister nur dann Kindern in die Hand geben, wenn keine Hinweise wie »enthält pilzhemmende Wirkstoffe«, »konservierende Zusätze verhindern Schimmelbefall« oder ähnliches daraufstehen. Dann enthalten sie zum Schutz gegen Schädlingsbefall nämlich meist giftige Biozide.
- Geben Sie Ihren Kindern keine lösemittelhaltigen Kleber und verhindern Sie, daß sie solche erreichen. Sie sind leicht am Symbol »Feuerzeichen im Quadrat« zu erkennen (→Gefahren-Quiz, hintere Umschlagklappe).
- Sekundenkleber dürfen nicht in die Hände von Kindern gelangen!

Und das gewinnen Sie:
Wenn Sie für die ersten Basteleien Ihrer Kleinen den Klebebrei selbst aus Naturstoffen mixen und später auf wasserlösliche Klebstoffe umsteigen, dann schützen Sie sowohl die Gesundheit Ihrer Kinder als auch die Umwelt.

Alleskleber enthalten bis zu 70 Prozent organische Lösemittel.

Umweltfreundliches Papier verwenden

Zum Kritzeln, Malen und Basteln muß Papier nicht blütenweiß sein – der Umwelt zuliebe.

Darum geht es:
Die Herstellung von Zellstoff, einem Grundstoff für Papier, ist stark umweltbelastend, nicht nur durch den hohen Verbrauch von Holz, Wasser und Energie, sondern auch durch die wasserverschmutzende Chlorbleiche, bei der außerdem hochgiftige Dioxine anfallen.
Bei der Produktion von Papier aus Altpapier wird die Umweltbelastung reduziert. Dieses Bewußtsein hat sich so weit durchgesetzt, daß heute fast 45 Prozent der Papiere und Pappen wiederverwertet werden. Doch gibt es gewisse Unterschiede.

- Umweltschutzpapier besteht bis zu 100 Prozent aus Altpapier und wird mit möglichst geringem Wasserverbrauch und ohne Entfärbung und Bleichung wiederaufbereitet. Es hat deswegen eine graue Farbe.
- Recyclingpapier wird auch aus Altpapier hergestellt, aber nicht unter so strengen Auflagen wie Umweltschutzpapier. Damit es wie »normales« Papier aussieht, wenden viele Hersteller das De-Inking-Verfahren an. Unter Einsatz von Chemie werden die Farben aus dem Altpapier gelöst. Ein umweltbelastender Vorgang, bei dem hohe Mengen von giftigen Schlämmen anfallen. Umweltfreundlich hingegen ist die Sauerstoffbleiche, die sich langsam auch in der Bundesrepublik durchsetzt.

Das können Sie tun:

- Für die ersten Malereien, Kritzeleien und Bastelarbeiten genügt Papier, das auf der einen Seite schon beschrieben wurde.
- Bunte Papiere und Pappen enthalten möglicherweise giftige Azofarbstoffe, die als krebsverdächtig gelten. Besonders buntes Kreppapier laugt gefährliche Farben aus. Kinder stecken aber in diesem Alter noch alles in den Mund. Deswegen dürfen Sie sie beim Spielen mit solchen Materialien nie ohne Aufsicht lassen.
- Kaufen Sie Mal- und Zeichenblocks möglichst aus Umweltschutz- oder wenigstens Recyclingpapier.
- Wenn Sie Ihren Kindern unbedingt weißes Papier zum Spielen geben wollen, dann fragen Sie beim Kauf nach sauerstoffgebleichtem; damit tun Sie auch der Umwelt viel Gutes.

Und das gewinnen Sie:
Papier sparen entlastet nicht nur Ihren Geldbeutel, sondern hilft auch der Umwelt. Wenn Sie außerdem allzu Buntes von Ihrem Kleinkind fernhalten, dann hilft das seiner Gesundheit.

Für 1 Tonne Zellstoff sind rund 2 Tonnen Holz, 1000 Kilowattstunden Energie und bis zu 260.000 Liter Wasser nötig.

Pflanzen giftfrei pflegen

Gärten sind in unserer zersiedelten Landschaft Rückzugsgebiete für Tiere und Pflanzen. Wir sollten ihnen diesen Lebensraum so naturnah wie möglich gestalten.

Ein Fleckchen Erde für sich zu haben, sei es in einem Garten oder auch nur in einem Kasten auf dem Balkon, ist der Traum vieler Menschen. Vielleicht glauben sie, mit der Natur, die sie da so nahe zu sich heranholen, ein Zipfelchen vom verlorenen Paradies zu erhaschen. Dem Wachsen und Gedeihen von Blumen, Obstbäumen oder Tomaten zuzusehen erfüllt sie mit Freude und Genugtuung, und die wollen sie sich von nichts und niemandem vergällen lassen. So werden Insekten, Schnecken oder wildwachsende Kräuter, denen es dort auch sehr gut gefällt, kurzerhand als Plagegeister und Unkräuter bezeichnet und mit allen Mitteln bekämpft, vor allem mit chemischen.

Sicherlich: Schnecken haben Rosenblätter, Dahlien, Erdbeeren oder die gerade frisch eingepflanzten Salatsetzlinge einfach zum Fressen gern. Moos kann das schöne Einerlei eines gepflegten englischen Rasens empfindlich stören. Und Blattläuse auf dem geliebten Zimmerhibiskus tragen nicht zum Reiz der Pflanze bei.

Andererseits: Mit Schneckenkorn können wir zwar die Schnecken vergiften, bringen aber leider ihre natürlichen Feinde wie Igel, Spitzmaus oder Kröte gleich mit um. Mit »Unkrauttod« schaffen wir uns einen Rasen, in dem Grashalm akkurat neben Grashalm steht, aber sonst kein Käfer krabbelt, kein Würmchen sich krümmt. Und dem Spray gegen Blattläuse fallen oft auch alle Bienen, Ameisen und sonstigen Nutzinsekten zum Opfer.

Das ist eben der Unterschied zwischen Menschen und Natur. Wir sagen, was uns nicht nützt, das schadet uns, und bekämpfen es. Die Natur kennt diesen Gegensatz nicht. Sie ist in einen Kreislauf eingebettet, in dem Leben in Tod übergeht und daraus wieder Leben entsteht. Dabei geht nichts verloren, jedes kleinste Teilchen wird aus einem Organismus gelöst und in den anderen wieder eingefügt. Pflanzen wachsen, sterben ab und geben Nahrung für neue Pflanzen. Tiere fressen und werden gefressen.

In diesen natürlichen Kreislauf griffen wir ein, indem wir zum Beispiel Pflanzen züchteten zu unserem Nutzen und auch zu unserer Freude.

Wir schufen uns Waffen

In der Folge mußten wir erfahren, daß durch die Veränderung des ökologischen Gleichgewichts plötzlich Lebewesen überhand nahmen, die diese Pflanzen angriffen. Um sie zu verteidigen, schufen wir uns Waffen, die wir Pflanzenschutzmittel nennen. Ein hübscher Name, der über einen schrecklichen Sachverhalt hinwegtäuscht.

Denn dahinter verbergen sich

- Akarizide gegen Milben,
- Fungizide gegen Pilze,
- Herbizide gegen »Unkräuter«,
- Insektizide gegen Läuse und
- Erdflöhe,
- Molluskizide gegen Schnecken,

- Nematizide gegen Würmer,
- Rodentizide gegen Nagetiere.

650 Tonnen Pestizide versprühten 1990 Hobbygärtner hierzulande auf über 800.000 Hektar Haus- und Kleingärten. Sie machen allerdings nur gute 2 Prozent des Gesamteinsatzes dieser Wirkstoffe aus, denn außer dem großen Brocken Landwirtschaft kommen noch viele andere öffentliche Bereiche dazu, die von »Schädlingen« freigehalten werden müssen.
Nun beschränken sich die Gifte aber nicht nur auf das, was sie vernichten sollen. Sie rotten auch noch Vögel und anderes nützliches Getier gleich mit aus, lagern sich auf Obst und Gemüse ab und gelangen so in den menschlichen Organismus. Was in die Luft gesprüht und vom Wind fein über das Land verteilt wird, gerät über Boden und Grundwasser in Pflanzen und Tiere und bleibt am Ende ebenfalls im menschlichen Organismus hängen. Auch hier schließt sich ein Kreislauf, allerdings ein unseliger, einer, der eine Schneise aus Tod und Verderben hinter sich läßt. Zahlreiche Tier- und Pflanzenarten sind bereits auf der Strecke geblieben; sie sind ausgestorben oder vom Aussterben bedroht.

»Sanfte« Methoden

Vielen von uns ist das inzwischen klar geworden. Mehr und mehr Gartenfreunde, Balkon- und Zimmerpflanzenliebhaber lassen Pestizide und Kunstdünger in den Regalen liegen und wenden sich den »sanften« Methoden der Schädlingsbekämpfung zu. Sie lassen die Wiese wieder wachsen, wie sie will, sie schaffen mit Hecke, Strauch und »wilder« Ecke Verstecke und Nistplätze für Vögel und Igel, Kröte und Blindschleiche und die Vielfalt der Insektenwelt.
Mit der Aktion »Garten ohne Gift«, die der Bund für Umwelt und Naturschutz Deutschland (BUND) 1989 ins Leben gerufen hat, wurden die Verbraucher dazu aufgerufen, auf den Einsatz von Pestiziden zu verzichten. In Baden-Württemberg ist seit dem 1.2.91 die Anwendung von Unkrautvernichtungsmitteln im Haus und Kleingarten sogar per Gesetz verboten. Wo keine Gifte mehr wirken, können auch so kleine Helfer wie Flor- und Schwebfliegen, Ohrwürmer und Schlupfwespen zum Zuge kommen. Marienkäfer, unsere kleinen Glücksbringer, sind ebenfalls unermüdliche Vertilger von Blattläusen, Milben und anderen unliebsamen Lebewesen. Deshalb wählte man sie auch zum Symboltier für die Aktion »Garten ohne Gift«. Indem wir mitmachen, erweisen wir uns nicht nur als Pflanzenfreunde, sondern selbstverständlich auch als Naturschützer.

Zimmer- und Balkonpflanzen richtig auswählen und pflegen

Wenn wir auf die Bedürfnisse unserer Pflanzen eingehen, gedeihen sie auch ohne chemische Hilfsmittel.

Darum geht es:

Pflanzen brauchen wie Haustiere die Fürsorge des Menschen. Doch mit Gießen und Düngen allein ist es nicht getan. Wichtig ist vor allem der richtige Standort. Die einen brauchen mehr Sonne, die anderen weniger. Auch die Ansprüche an Pflanzenerde und Dünger sind unterschiedlich. Der Umwelt zuliebe sollten wir nicht nur im Garten, sondern auch bei Zimmer- und Balkonpflanzen auf Kunstdünger verzichten. Etwa 600 Tonnen Düngemittelreste gelangen jährlich in den Hausmüll. Sie enthalten meist löslichen Stickstoff und belasten das Grundwasser. Wenn wir von vornherein die für Wohnung oder Balkon geeigneten Pflanzen auswählen und Pflegefehler vermeiden (→ Tip 46, Seite 71), können wir auf chemische Hilfen verzichten.

Das können Sie tun:

- Gesunde Pflanzen kaufen. Sie erkennen sie am gleichmäßigen Wuchs, makellosen, saftigen Blättern und eventuell vielen Knospen kurz vor dem Aufbrechen, schädlingsfreien Triebspitzen und Blattunterseiten sowie unvermooster Erde.
- Nur Pflanzen wählen, für die Sie auch den richtigen Standort haben (→ Literatur, Seite 87)
- Die meisten Zimmerpflanzen brauchen eine Luftfeuchte von etwa 60 bis 70 Prozent (→ Tip 25, Seite 42). Gegen zu trockene Luft hilft Besprühen mit möglichst kalkfreiem Wasser.
- Weiches Gießwasser ist besser; fragen Sie bei Ihrem Wasserwerk nach. Bei über 13 °dH sollten Sie sich eine Filtergießkanne anschaffen.
- Düngen Sie Ihre Pflanzen während der Wachstumszeit etwa alle zwei Wochen mit einem organischen Flüssigdünger. Wenn Sie beim Umtopfen unter die frische Erde einen organischen Volldünger als Nährstoffvorrat einarbeiten, können Sie mit dem Nachdüngen später beginnen.
- Für mehrjährige hochwachsende Balkonpflanzen nicht zu kleine Pflanzgefäße wählen. Darauf achten, daß diese luftdurchlässig sind und Löcher im Boden haben.
- Haben Sie Kinder und Haustiere, vermeiden Sie für Zimmer, Balkon und Garten giftige Pflanzen wie beispielsweise Efeu, Oleander oder Goldregen (→Literatur, Seite 87).

Und das gewinnen Sie:

Wenn Sie Pflanzen ausgewählt haben, denen Sie optimale Lebensbedingungen bieten können, brauchen Sie sie nicht mit chemischen Mitteln zu stärken. Damit bewahren Sie die Umwelt vor unnötiger Chemie.

Bei 30 Prozent von jährlich rund 100.000 Vergiftungsunfällen mit Kindern sind Giftpflanzen im Spiel.

Pflegefehler vermeiden

Durch Pflegefehler können Pflanzen krank und für Schädlinge anfällig werden.

Darum geht es:
Wenn Pflanzen im Zimmer und auf dem Balkon nicht so gedeihen, wie wir es uns wünschen, sind meistens Pflegefehler die Ursache. In der Folge gesellen sich möglicherweise Krankheiten oder Schädlingsbefall dazu, denn die können vor allem bei vernachlässigten Pflanzen erst so richtig zum Zuge kommen. Um dagegen anzugehen, greifen wir zur Chemie. Über 90 Tonnen Pflanzenschutz- und Schädlingsbekämpfungsmittel wurden 1990 allein im Haushalt eingesetzt. Neben der wichtigsten Voraussetzung, dem richtigen Standort, genügt es jedoch meist, bei der Pflege einige Grundregeln zu beachten, damit Pflanzen sich aus eigener Kraft gegen Feinde schützen können.

Das können Sie tun:
Neben dem falschen Standort können Ihren Balkon- und Zimmerpflanzen noch folgendes zu schaffen machen:

- Übermäßiges Gießen oder zu kaltes, hartes Wasser. Da meist nur die obere Schicht angetrocknet ist, mit dem Finger fühlen, ob die Erde noch feucht ist. Kein überschüssiges Wasser im Untersatz stehen lassen.
- Balkonpflanzen im Sommer nur morgens oder abends gießen.
- Übermäßig viele welke Blätter weisen oft auf »kalte Füße« hin. Die Pflanze auf eine Korkunterlage stellen.
- Zimmerpflanzen ab und zu vom Staub befreien, sonst können sie nicht atmen. Pflanzen in den warmen Regen stellen oder abbrausen. Glatte Blätter können auch mit einem feuchten weichen Tuch oder Schwamm abgewischt werden.
- Pflanzen brauchen frische Luft. Viele vertragen keinen Zigarettenrauch oder andere giftige Ausdünstungen.
- Möglicherweise brauchen Ihre Pflanzen neue Erde und einen größeren Topf. Die beste Zeit dazu ist vor der Wachstumsphase oder nach der Blüte.
- Kräftigen Sie Ihre Pflanzen zum Beispiel mit Brennesseltee: 2 Hände voll frisches oder 2 Eßlöffel trockenes, zerkleinertes Kraut mit 1 Liter kochendem Wasser übergießen, nach 15 Minuten absieben, abkühlen lassen und diesen Tee zum Gießen 1:10 mit Wasser verdünnen.

Und das gewinnen Sie:
Ohne giftige Pflanzenschutzmittel leben Sie und Ihre Pflanzen gesünder. Im Zimmer ist die Luft nicht zusätzlich mit Pestiziden belastet, und auf Ihrem Balkon mußten nicht Nützlinge sterben, die Ihnen dort helfen, Pflanzen schädlingsfrei zu halten.

90 Prozent aller Zimmerpflanzen werden zuviel gegossen.

»Unkräuter« am richtigen Platz

Wo wilde Kräuter nicht stören, dürfen und sollen sie frei wachsen.

Darum geht es:

Alle wilden Kräuter, die wir in unseren ordentlichen Gärten nicht selbst gepflanzt haben, werden »Unkräuter« geschimpft. Meist versuchen wir, sie mit chemischen Mitteln auszurotten. Rund 800 verschiedene Gifte gegen Unkräuter werden in der Bundesrepublik angeboten. Die Erkenntnis, daß diese sich auch gegen nützliche Pflanzen und Tiere richten, setzt sich inzwischen langsam durch.

»Unkräuter« heißen zu Unrecht so, denn viele von ihnen sind Heilkräuter oder haben andere positive Eigenschaften. Einige schmecken vorzüglich als Salate oder Gemüse, sind Futterpflanzen für Insekten, zeigen die Beschaffenheit des Bodens an, ergeben Düngejauchen oder können gefräßige Eindringlinge abwehren. Nur dort, wo Wildkräuter Gemüsekulturen unterdrücken und Blumenrabatten zu überwuchern drohen, sollten wir sie entfernen, allerdings auf sanfte Art.

Das können Sie tun:

- Wenn Wildkräuter im Beet überhand nehmen, ist Jäten sowie leichtes Hacken des Bodens die schonendste Methode. Aus regennasser, weicher Erde lassen sich junge Pflänzchen einfach auszupfen.
- Achten Sie darauf, daß auch die unterirdischen Pflanzenteile (Löwenzahn, Giersch, Quecke) gründlich entfernt werden. Am besten ausstechen. Aus den Wurzelresten sprießen nämlich gleich neue Pflänzchen.
- Im Gemüsebeet können Sie unerwünschte Pflanzen unterdrücken, indem Sie mulchen, das heißt, die Erde mit Häcksel, Stroh oder Rindenkompost bedecken.
- Viele Wildkräuter sind nützlich. Hier ein paar Beispiele: Junge Löwenzahnblätter schmecken gut als Salat. Brennesseln weisen auf stickstoffhaltigen Boden hin, junge Blätter werden wie Spinat zubereitet, Brennesseltee wirkt harntreibend und blutreinigend. Gänseblümchentee gilt in der Volksmedizin als schweißtreibend, blutreinigend und auswurffördernd bei Husten.

Und das gewinnen Sie:

Wenn Sie auf Unkrautvernichtungsmittel verzichten und zulassen, daß in Ihrem Garten auch wilde Blumen und Kräuter eine Ecke finden, in der sie ungestört wachsen dürfen, wird sich dort bald eine Vielfalt von nützlichem Leben ansiedeln. Zudem werden Sie Ihre Speisekarte bereichern, Heilkräuter neu entdecken, natürliche Hilfen gegen Schädlinge finden und darüber hinaus auch Geld sparen.

Von 100 Mark, die im Garten für Schädlingsbekämpfungsmittel ausgegeben werden, sind 23 Mark nur für Unkrautvernichtung enthalten.

Ohne Gift gegen Schnecken

Schnecken können wir nicht ausrotten, sondern nur auf natürliche Weise in Schach halten.

Darum geht es:
Für Hobbygärtner sind Schnecken ein Alptraum, denn sie machen sich über alles her, was auch uns Menschen lieb ist: Gemüse und Obst, Blätter und Blüten. Doch der Griff zu Schneckenkorn oder anderen harten Giften nützt leider gar nichts. In kurzer Zeit gibt es genausoviel Schnecken wie vor einer solchen Gewaltaktion, ihre natürlichen Feinde hingegen wurden in die ewigen Jagdgründe geschickt. Zur Freude der neuen Schneckengeneration, die sich jetzt völlig ungestört auf unsere Pflanzen stürzen kann. Hier hilft nur die gärtnerische Einsicht, daß wir eine Überbevölkerung von Schnecken bloß eindämmen können, der Traum eines schneckenfreien Gartens jedoch immer ein solcher bleiben wird.

Das können Sie tun:
- Das Absammeln nachts mit Gummihandschuhen und Taschenlampe bringt Erfolgserlebnisse. Leider wird der Bestand nur kurzzeitig verringert.
- Kleine Beete mit Jungpflanzen können Sie mit einem Schneckenzaun schützen (im Fachhandel erhältlich). Der aus Blech ist haltbarer als der aus Plastik. Elektrische Schneckenzäune sind sehr pflegebedürftig, da sich bei Nässe oder durch Pflanzenwuchs die Batterien schnell entladen.
- Eine einfache Schneckenfalle ist ein feuchtes Brett, das Sie neben oder zwischen die Beete legen. Zwischen Brett und Boden muß ein bißchen Platz sein. Die Schnecken verkriechen sich darunter, und Sie können sie morgens einsammeln. In einem Eimer mit kochendem Wasser überbrühen.
- Gesunde, mit Kompost gedüngte Pflanzen erholen sich schneller von den Fraßschäden.
- Vergessen Sie teure Bierfallen oder Pflanzen, die Schnecken magisch anziehen sollen, denn Sie locken auch die aus Nachbars Garten an.
- Legen Sie Ihren Garten so an, daß hilfreiche Schneckenvertilger wie Igel, Vögel, Blindschleiche, Kröte, Spitzmaus und Laufkäfer ein natürliches Zuhause finden. Zum Beispiel unter einer Laubschicht, unter einem Asthaufen, in einem Gartenteich oder einer bepflanzten Steinmauer.

Und das gewinnen Sie:
Wenn es Ihnen gelingt, Schnecken ohne schädliche Chemie am Überhandnehmen zu hindern, sind Sie auf dem richtigen Weg. Denn diese Tiere zerkleinern ebenso wie Asseln und Regenwürmer grobes, organisches Material – die erste Stufe der Humusproduktion. Auch sie gehören also zu dem großartigen Recyclingsystem der Natur, das aus Abfall die Grundlage für neues Leben schafft.

Eine erwachsene Schnecke kann in 24 Stunden bis zu 40 Prozent ihres eigenen Gewichts verfuttern.

Mit Hausmitteln gegen Blattläuse, Spinnmilben und Pilze

Unerwünschte »Mitesser« auf unseren Pflanzen sollten wir mit Mitteln bekämpfen, die Gesundheit und Umwelt nicht schädigen.

Darum geht es:
Hobby- und Kleingärtner, Balkon- und Zimmerpflanzenliebhaber versprühten 1990 über 740 Tonnen Pestizide gegen Insekten, Milben, Würmer, Schnecken, Nager, Pilze und unerwünschte Pflanzen. Diese Gifte rotten aber auch nützliche Tiere und Pflanzen aus und können den Anwender selbst gefährden.
Zum Einsatz kommen Wirkstoffe aus der Horrorküche der Chemie wie chlorierte Kohlenwasserstoffe, Phosphorsäureester, Carbamate und Pyrethroide. Diese sind dem natürlichen Gift der Chrysanthemenblüten (Pyrethrum) nachgebaut und werden als »Naturgifte« angeboten. Doch auch sie haben sich als tückische Nervengifte herausgestellt.

Das können Sie tun:
Verzichten Sie auf chemische Mittel und vertreiben Sie tierische und pflanzliche »Schädlinge« mit Tees, Auszügen, Brühen und Jauchen.

- Schachtelhalmbrühe wirkt gegen Milben, Mehltau, Grauschimmel, Schorf und Rost. (500 Gramm frischen oder 75 Gramm getrockneten Ackerschachtelhalm in 5 Liter Wasser 24 Stunden einweichen, dann 30 Minuten kochen, absieben und 1:5 mit Wasser verdünnen.) Spritzen nur an sonnigen Tagen.
- Brennesselauszug wirkt gegen Blattläuse. (200 Gramm trockene Brennesseln mit 5 Liter kaltem Wasser übergießen, 24 Stunden stehen lassen.) Unverdünnt spritzen.
- Rainfarntee wirkt gegen Läuse, Frostspanner, Apfelwickler, Blattwespe, Himbeerkäfer und andere.
- Farnjauche wirkt gegen Schild-, Schmier- und Blutläuse.
- Eine einfache Schmierseifenlösung wirkt gegen Blattläuse. (100 Gramm reine Schmierseife in heißem Wasser auflösen und 5 Liter kaltes Wasser dazugeben.) Unverdünnt spritzen.
- Wichtig ist, daß Sie all diese Maßnahmen bei akutem Befall wöchentlich wiederholen.
- Weitere Informationen, Rezepte und Schutzmaßnahmen, zum Beispiel über die natürlichen Feinde der »Schädlinge« oder über mögliche Abwehrpflanzen finden Sie in der Fachliteratur (→ Seite 87).

Und das gewinnen Sie:
Sie sparen Geld, wenn Sie keine teuren Pestizide einsetzen. Und der Umwelt und sich selbst ersparen Sie damit eine Menge an Schäden. Wenn Sie sich biologischer Mittel bedienen, werden Sie außerdem einen Einblick in die vielfältigen Wechselbeziehungen der Natur gewinnen.

60 Prozent unserer Hobbygärtner greifen noch immer zu gefährlichen chemischen Waffen.

Natürlicher Kompost statt chemischer Dünger

Kompost ist natürliche Pflanzennahrung und macht Kunstdünger überflüssig.

Darum geht es:
Mit Dünger geben wir dem Boden die Nährstoffe, die ihm durch das Pflanzenwachstum entzogen wurden. Auch hier verlassen wir uns oft auf die Chemie – mit verheerenden Folgen. Überschüssiger Kunstdünger, der nicht von den Pflanzen aufgenommen werden kann, gelangt in unsere Flüsse und Seen und bewirkt durch die Überdüngung deren »Umkippen«. Ebenso wird das Grundwasser belastet. Letztlich führt das zu einer hohen Nitratbelastung unserer Nahrung und unseres Trinkwassers.
Kompost hingegen ist hochwertiger natürlicher Dünger aus verrotteten organischen Abfällen. Er sorgt für ein aktives Bodenleben, bindet giftige Substanzen, verbessert die Bodenstruktur und beeinflußt damit die Pflanzen aufs günstigste.

Das können Sie tun:
In jedem Garten ist Platz für wenigstens einen Kompostbehälter. Sogar für den Minigarten in der Stadt, für Balkon, Terrasse, Keller und Hof bietet der Fachhandel spezielle Komposter an (→ Literatur, Seite 87).
Beim Anlegen eines Kompostbehälters im Garten sollten Sie folgende Grundregeln beachten:

- Nicht auf Stein oder Beton stellen. Er braucht wegen der Bodenlebewesen direkten Kontakt mit der Erde.
- Als unterste Schicht grobes Material nehmen.
- Gefüllt werden kann er mit Obst-, Gemüse- und Salatresten, zerdrückten Eierschalen, Kaffeesatz und Teeblättern, allen Gartenabfällen (Holziges notfalls zerkleinern), vorgetrocknetem Grasschnitt und Laub (dazwischen und wenig).
- Locker aufschichten. Bei unzureichender Lüftung fault der Kompost und würde stinken.
- Gleichmäßig feucht, aber nicht zu naß halten. Ein schattiger, windgeschützter Standort verhindert das Austrocknen.
- Nicht auf den Komposthaufen gehören Fleisch- und Milchprodukte, die Ratten anlocken könnten, kranke Pflanzenreste, Schalen von gespritzten Südfrüchten, Laub vom Straßenrand, bedrucktes Papier oder Pappe, Haushaltschemikalien und nicht verrottungsfähige Materialien wie Metalle, Glas, Gummi und Kunststoffe.

Und das gewinnen Sie:
Sie sparen Geld, denn die Herstellung von hochwertigem Kompost kostet Sie nichts. Und Sie helfen der Umwelt und vor allem sich selbst, wenn Sie auf künstliche Düngemittel verzichten.

Pro Jahr wirft jeder Bundesbürger durchschnittlich 80 Kilo verrottbare Küchenabfälle ungenutzt in den Mülleimer.

Umwelt-Lexikon

Umweltwissen von A bis Z

A

Acrylate: Salze der Acrylsäure; sie werden vor allem zur Herstellung von Kunststoffen verwendet, mit denen beispielsweise Textilfasern beschichtet sind. → soil-repellent.

Allergien: (grch. allos »anders« und ergon »Werk«) Überempfindlichkeit des menschlichen Körpers gegen bestimmte Stoffe durch eine Störung seines Abwehrsystems. Allergieauslösende Substanzen (Allergene) sind beispielsweise Pollen, Tierhaare, Hausstaub, Schimmelpilze, bestimmte Lebensmittel und Medikamente oder die in Nahrungsmitteln enthaltenen chemischen Zusatzstoffe wie Konservierungsmittel, Duft- und Farbstoffe sowie Pestizidrückstände. Allergien machen sich häufig durch Juckreiz, Rötungen, Schwellungen und übermäßige Sekretionen an Haut und Schleimhäuten bemerkbar. Zu den von Allergenen ausgelösten typischen Erkrankungen zählen unter anderem Heuschnupfen, Asthma, Ekzeme, Nesselsucht, Bindehautentzündungen, Durchfall und Erbrechen.

Allzweckreiniger: Flüssige Haushaltsreiniger enthalten anionische und nichtionische → Tenside und unterscheiden sich aufgrund ihrer chemischen Zusammensetzung: Seifenreiniger (→ pH-Wert um 11) gelten wegen ihrer besseren biologischen Abbaubarkeit auch als »sanfte« Reiniger; Neutralreiniger (pH-Wert 6,5 bis 7,5) wirken weder sauer noch alkalisch und können deshalb als »mild« bezeichnet werden; Essigreiniger (pH-Wert um 2,5) enthalten bis zu 20 Prozent Essigsäure und greifen säureempfindliche Materialien wie zum Beispiel Marmor und Eloxal an; Lösemittelreiniger (pH-Wert 6 bis 8) enthalten bis zu 10 Prozent Alkohole wie Ethanol, Isopropanol, Glykole oder andere organische Lösemittel; Alkoholreiniger enthalten bis zu 30 Prozent Alkohol und können durch diese hohe Konzentration Pflegefilme auf Fußböden angreifen.

Aluminium: Silberweißes Leichtmetall, das neben Eisen heute zu den wichtigsten Gebrauchsmetallen gehört. Da Aluminium in der Herstellung äußerst energiezehrend und umweltbelastend ist, sollte es auf jeden Fall wiederverwertet werden.

Alzheimersche Krankheit: Auch Altersschwachsinn genannt. Bislang unheilbare Krankheit, die möglicherweise durch zuviel → Aluminium in der Nahrung gefördert wird. Experten sehen daher Zusammenhänge zwischen der Auswaschung des Metalls aus den Böden durch den → Sauren Regen und der Zunahme der Krankheit.

Ammoniak: Farbloses Gas mit charakteristisch stechendem Geruch. Es wirkt stark reizend und ätzend auf Schleimhäute und Augen und löst sich leicht in Wasser (→ Salmiakgeist). Ammoniak dient unter anderem zur Herstellung von Düngemitteln und wird als wäßrige Lösung in der Medizin, zur Farb- und Kunststoffherstellung sowie als Reinigungsmittel verwendet.

Antioxidantien: Natürliche und künstliche Stoffe, die unter anderem dem Verderben von Kosmetika und Lebensmitteln durch Luftsauerstoff entgegenwirken, zum Beispiel dem Ranzigwerden von Fetten und Ölen. Der Einsatz künstlicher Antioxidantien ist umstritten, da sie zum Teil → Allergien auslösen können.

Antistatische Ausrüstung: Tensidähnliche Substanzen verhindern die elektrostatische Aufladung von synthetischen Fasern in Bekleidung, Vorhängen und Teppichböden und unterbinden damit die Anziehung von Staub sowie elektrische Entladungen.

Asbest: Mineral, das vor allem als Hitze-Isolierung in Baustoffen verwen-

det wurde. Asbestfasern sind 1000-mal dünner als Menschenhaare und können, wenn man sie einatmet, die Lungen schädigen und Krebs auslösen.
Azofarbstoffe: Aus Steinkohleteer hergestellte künstliche Farbstoffe, die auch in Kosmetika, Lebensmitteln und Medikamenten enthalten sein können. Aus Textilien, wie zum Beispiel Perlonstrumpfhosen, färben sie leicht aus und können, wenn sie auf die Haut gelangen, Allergien auslösen. Einige von ihnen gelten zudem als krebserregend.

B

Benzol: Aromatischer Kohlenwasserstoff, der als Basisprodukt für Farbstoffe, Kunstfasern, Medikamente oder Pflanzenschutzmittel dient und auch in Benzin oder als Lösemittel in Lacken und Klebern enthalten ist. Benzol kann Krebs auslösen.
Biozide: Chemikalien, die tierisches und pflanzliches Leben abtöten. Dazu gehören auch die → Pestizide.
Blauer Umweltengel: Mit diesem Emblem, das von der Jury »Umweltzeichen« seit 1977 vergeben wird, werden Produkte ausgezeichnet, die umweltfreundlicher sind als andere im Handel befindliche. Diese Orientierung am Markt gab Anlaß zu Kritik und trug letztendlich auch dazu bei, daß 1989 der Text des Umweltzeichens geändert wurde. So heißt es nun nicht mehr »Umweltfreundlich, weil...«, sondern »Umweltzeichen, weil...«.
Blei: Schwermetall, das vor allem Benzin zugesetzt wird. Durch die Abgase gelangt es in die Umwelt und reichert sich in der Nahrung an. Außerdem findet sich Blei in Keramikgeschirr, Glaswaren, gelöteten Blechdosen und in alten Trinkwasserleitungen. Blei und seine Verbindungen sind stark giftig. Beim Menschen schädigen sie die Blutbildung und greifen die Nerven an.
Bleichmittel: In Vollwaschmitteln enthaltene Wirkstoffe wie Perborat, das Flecken zum Beispiel von Rotwein, Tee, Obst, Saft oder Gras ausbleicht. Es hinterläßt Borat, das Pflanzen stark schädigt. Percarbonat hingegen ist kaum umweltbelastend und wird deshalb von den meisten Herstellern alternativer Baukastenwaschmittel verwendet. Nachteil: Es entwickelt seine Bleichkraft erst ab 60 Grad Celsius.
Borax: Natriumsalz der Tetraborsäure, das als Zusatz zu Waschmitteln und Seifen, zur Glasur von Steingut und Porzellan oder als Desinfektionsmittel verwendet wird.
Botulismus: (lat. botulus »Darm, Wurst«) Lebensmittelvergiftung, die durch den Giftstoff Botulin des Bazillus Clostridium botulinum ausgelöst wird. Er bildet sich vor allem in luftabgeschlossenen Nahrungsmitteln, zum Beispiel Wurst-, Fisch-, Fleisch-, Gemüse- und Obstkonserven, bewirkt Lähmungen und kann in schweren Fällen zum Tode führen.
Brennspiritus: Meist mit giftigem Pyridin vergällter und dadurch ungenießbar gemachter → Spiritus. Er riecht übel und schmeckt widerwärtig.

C

Cadmium: Schwermetall, das in Batterien, Akkus, verzinkten Blechen, Farben (Rot-, Gelbpigment), → Kunststoffen, fossilen Brennstoffen oder Phosphatdünger enthalten sein kann. Werden solche Materialien (mit dem Müll) verbrannt, gelangt Cadmium in die Umwelt und reichert sich dort an. Mit der Nahrung aufgenommen, lagert es sich in Nieren und Leber ab, verändert Knochen und gilt vermutlich als krebserzeugend.
Ceran-Kochfläche: Hitzebeständige Herdplatte aus Glaskeramik, die sogar bei einem Temperaturwechsel von 800 Grad Celsius stabil bleibt. Meist werden unter den Kochzonen Strahlungsheizkörper betrieben, die bei starkem Erhitzen als rote Ringe sichtbar werden.
Chlor: Stark ätzendes Gas, das zur Herstellung von → Bleichmitteln, → Kunststoffen oder Farbstoffen und zur

Desinfektion von Wasser verwendet wird.

Chlorbleiche: *Bleichprozeß mit Hilfe von Chlor, wobei stark giftige Nebenprodukte, zum Beispiel → Dioxine entstehen können.*

Chlorierte Kohlenwasserstoffe (CKW): *Sie sind in → Pestiziden, → Lösemitteln oder → Kunststoffen enthalten, reichern sich in der Umwelt an und gelangen über die Nahrung in den menschlichen Körper, wo sie sich vorwiegend im Fettgewebe konzentrieren. Viele davon sind giftig und schädigen Leber und Nieren, manche sind krebsauslösend.*

D

Detergentium: *(lat. detergere »abwischen«) Reinigungsmittel aus synthetischen → Tensiden.*

Dichlorvos (DDVP): *Ein → Phosphorsäureester, der als Giftstoff in Insektensprays und -strips enthalten ist. Die Chemikalie greift die Nerven an und verursacht Atemlähmungen. Bei der Anwendung wird sie in hohem Maße freigesetzt, so daß der Gebrauch dieser Mittel keinesfalls zu empfehlen ist.*

Dioxan: *Organisches Lösemittel, das im Verdacht steht, krebserregend zu sein. So ist dieser Stoff nach der Kosmetikverordnung zwar verboten, doch da er bei der Herstellung einiger Tenside als Nebenprodukt entsteht, kann er als Verunreinigung in Duschgels, Shampoos und anderen Kosmetika enthalten sein.*

Dioxine: *Stark giftige chemische Verbindungen, die bei Verbrennungsvorgängen (Müllöfen) in die Umwelt gelangen. Als »Seveso-Gift« erreichten sie traurige Berühmtheit.*

Dispersionsfarben: *→ Kunstharzdispersionsfarben.*

Duftstoffe: *Überdecken bei Waschmitteln den Waschlaugengeruch, können jedoch das Leben der im Wasser befindlichen Mikroorganismen störend beeinflussen und möglicherweise Allergien auslösen.*

E

E-Nummern: *→ Lebensmittelzusatzstoffe.*

Elektrostatische Aufladung: *→ antistatische Ausrüstung.*

Emissionsklasse: *Einteilung nach Formaldehyd-Abgabemengen unbeschichteter Spanplatten. E1 steht für maximal 0,1 ppm Formaldehyd (ppm = Teile auf 1 Million Teile), E2 steht für 1 ppm und E3 für höchstens 2,3 ppm. In den alten Bundesländern ist für den Innenausbau die Klasse E1 vorgeschrieben. → Formaldehyd.*

Emulgatoren: *→ Emulsion.*

Emulsion: *Feinste Verteilung einer Flüssigkeit in einer nicht ohne weiteres mit ihr mischbaren anderen Flüssigkeit, zum Beispiel Öl in Wasser. Häufig werden dabei Emulgatoren verwendet, beispielsweise bei der Herstellung von Lebensmitteln oder Kosmetika. Obwohl einige als gesundheitsgefährdend oder allergieauslösend gelten, müssen sie nicht einzeln auf der Packung angegeben sein.*

Enthärter: *Auch Gerüststoffe oder Builder genannt. Wirkstoffe in Waschmitteln, die das Wasser enthärten und Kalkablagerungen auf Wäsche und Heizschlangen verhindern. Einige wirken auch waschverstärkend, da sie die → Tenside beim Ablösen des Schmutzes unterstützen. → Phosphat, → Phosphatersatzstoffe.*

Enzyme: *Eiweißverbindungen aus lebenden Zellen. In Waschmitteln eingesetzt, greifen sie den Schmutz an und »verdauen« ihn regelrecht.*

Eulanisierung: *Chemische Ausrüstung von Wolltextilien, vor allem Wollteppichen, mit Eulan zum Schutz vor Insektenfraß (Motten, Teppichkäfer).*

F

Fluor: *Grünlichgelbes, giftiges Gas, das unter anderem zur Fluoridierung des Trinkwassers zum Schutz gegen Karies verwendet wird. Diese Maßnahme ist wissenschaftlich allerdings umstritten. → Fluoride.*

Fluorcarbonharze: *Als Imprägniermittel in Ledersprays enthalten und vermutlich für deren gesundheitsschädigende Wirkung verantwortlich.*
Fluorchlorkohlenwasserstoffe (FCKW): *Gasförmige Chemikalien, die als Treibmittel (Sprays, Schaumstoff), Reinigungs- und Lösemittel oder Kühlmittel (Kühlschrank) eingesetzt werden. FCKW können bis in die Stratosphäre aufsteigen und dort bei großer Kälte und unter UV-Bestrahlung die Ozonmoleküle zum Zerfall bringen. Sie gelten daher als Hauptverursacher des sogenannten → Ozonlochs.*
Fluoride: *Lösliche fluorwasserstoffsaure Salze. → Fluor.*
Flußsäure: *Aggressive Säure, die auch beim Verbrennen fluorhaltiger Verbindungen entsteht.*
Formaldehyd: *Chemikalie, die zur Herstellung von Medikamenten oder Spanplatten (Harnstoff-Formaldehyd-Harze) und als Desinfektions-, → Konservierungs- und Textilhilfsmittel verwendet wird. Das Gas reizt die Schleimhäute und gilt als allergieauslösend und krebsverdächtig.*

G

Gerüststoff: *→ Enthärter.*
Glykol: *Einfachster zweiwertiger Alkohol, der als Frostschutzmittel, als Lösemittel sowie zur Herstellung von → Kunststoffen (Polyester) verwendet wird. Zu zweifelhafter Berühmtheit gelangte Glykol 1985 beim österreichischen Weinskandal.*

H

Hausstaubmilbe: *Besonders in ungelüfteten, feuchten Wohnungen zahlreich lebende Milbenart, die mit Vorliebe in Matratzen, Bettzeug, Kissen, Teppichen und Kuscheltieren nistet. Ihr Kot ist allergieauslösend.*

I

Immunsystem: *Die Fähigkeit des menschlichen Organismus, sich gegen von außen eindringende Krankheitserreger und Gifte zur Wehr setzen zu können. Fachleute sind der Meinung, daß durch die zunehmende Verschmutzung der Umwelt dieses Immunsystem geschwächt wird.*
Isocyanate: *Sie werden als Ausgangsstoffe vieler Kunststoffprodukte (→ Polyurethan) verwendet. → Spanplatten, die mit Diisocyanaten hergestellt wurden, sind zwar formaldehydfrei, doch auch sie gasen gefährliche Atemgifte aus, reizen Haut und Augen und gelten als starke Allergene. Die in Härtern für Fußbodenlacke eingesetzten Isocyanate sind ebenso gesundheitsschädlich.*

K

Kawasaki-Fieber: *Akute Erkrankung bei Kindern unter fünf Jahren, die mit raschem Temperaturanstieg bis 40 Grad Celsius einhergeht und zwei bis drei Wochen dauert. Dazu treten Entzündungen der Bindehaut und des Rachenraums, gerötete Hautveränderungen und Lymphknotenschwellungen, manchmal begleitet von Juckreiz, auf. Amerikanische Wissenschaftler fanden Hinweise dafür, daß diese Krankheit in der überwiegenden Zahl der untersuchten Fälle dann eintrat, wenn im Haushalt der Kinder die Teppichböden shampooniert worden waren. Man vermutet, daß Inhaltsstoffe der Shampoos oder durch die Reinigung aus den Teppichen aufgewirbelte Krankheitskeime als Ursache in Frage kommen.*
Klärschlamm: *Der bei der mechanischen und biologischen Reinigung des Abwassers in Kläranlagen anfallende Schlamm. Er enthält Nährstoffe, weshalb er früher als Dünger an Bauern abgegeben wurde. Heute ist er jedoch meist stark mit Schwermetallen und Dioxinen belastet und muß auf Sondermüllkippen gelagert werden.*
Konservierungsmittel: *Chemische Zusätze, die Lebensmittel, Kosmetika oder Medikamente vor dem Verderben (Pilzbefall) schützen. Darunter werden auch immer wieder allergieauslösende oder möglicherweise krebserregende Substanzen entdeckt. → Formaldehyd.*

Konstruktiver Holzschutz: *Darunter versteht man geeignete bauliche Maßnahmen, die vor Nässe schützen beziehungsweise das Wasser ablaufen lassen und dadurch das Eindringen ins Holz verhindern: zum Beispiel ausreichend große Dachvorsprünge, Fundamente für Zaunpfähle und Pergolastützen, die den Kontakt zwischen Erde und Holz unterbinden, oder gute Hinterlüftung von Holzverkleidungen.*

Kunstdünger: *Synthetisch hergestellte Stickstoff-, Phosphor- und Kaliumverbindungen, die den Pflanzenwuchs fördern. Da Pflanzen Kunstdünger aber nur zu etwa 60 Prozent aufnehmen, kommt es zur Überdüngung der Böden. Der Rest dringt ins Grundwasser und führt zu Nitrat- und Phosphatbelastungen von Gewässern und Pflanzen. Über die Nahrung gelangt Nitrat in den menschlichen Körper, wird dort zu Nitrit umgewandelt und bildet zusammen mit Aminen stark krebserregende Nitrosamine.*

Kunstharzdispersionsfarben: *Die am häufigsten verwendeten Wandfarben. Wegen ihres geringen Gehalts an → organischen Lösemitteln (höchstens bis zu 10 Prozent) gelten sie als relativ umweltverträglich, dennoch bergen sie Gefahren, da die enthaltenen Restmonomere und Konservierungsstoffe (→ Biozide) Schleimhautreizungen, Kopfschmerzen und Überempfindlichkeit auslösen können.*

Kunststoffe: *Aus Erdöl oder Kohle hergestellte, in der Natur sonst nicht vorkommende Moleküle, denen durch zahlreiche Zusatzkomponenten alle möglichen günstigen Eigenschaften wie hart, weich, farbig oder hitzebeständig verliehen werden. Die Herstellung von Kunststoffen ist energieaufwendig, zudem sind sie durch die Zusatzstoffe umweltgefährdend, da diese bei Produktion, Gebrauch und Entsorgung in die Umwelt gelangen können. → Phthalate, → Polyethylen, → Polypropylen, → Polystyrol, → Polyurethan, → PVC, → PVDC, → Weichmacher.*

Kupfersalze: *Zu den Kupfersalzen gehören Patina, die an Kupfer durch Kohlensäure der Luft entsteht, und Grünspan, der sich auf Kupfer durch Einwirkung von essigsäurehaltigen Lösungen bildet. Die Kupfersalze sind giftig und führen in erhöhten Konzentrationen zu Brechdurchfällen.*

L

Lebensmittelzusatzstoffe: *Darunter versteht man Stoffe wie → Antioxidantien, Aromastoffe, Backtreibmittel, → Emulgatoren, Farbstoffe, Geschmacksverstärker, → Konservierungsmittel, Schaumverhüter, Stabilisatoren und vieles andere mehr. Sie werden heutzutage Lebensmitteln zugesetzt, um ihre Produktion zu vereinfachen und um sie die lange Transport- und Lagerungszeit überstehen und verkaufsgerecht aussehen zu lassen. Sie müssen auf der Packung angegeben sein, werden aber nur teilweise durch die sogenannten E-Nummern deklariert. Diese bezeichnen innerhalb der Europäischen Gemeinschaft einheitlich bestimmte Zusatzstoffe. Viele von ihnen müssen von Allergikern gemieden werden.*

Lindan: *Es gehört zur Gruppe der → chlorierten Kohlenwasserstoffe, wird zur Insektenvernichtung eingesetzt, in der Landwirtschaft und in Gärten als → Pestizid verwendet und ist in Holzschutzmitteln enthalten. Lindan ist ein Nervengift und wird über die Haut aufgenommen. Eingeatmete Dämpfe führen zu Schleimhautreizungen. Lindan findet sich als Rückstand in Naturtextilien aus Wolle und kann sich auch in der Muttermilch anreichern.*

M

Magnesit: *Ein magnesiumhaltiges Mineral. Damit verleimte → Spanplatten gelten als weitgehend unbedenklich in Bezug auf die Raumluftbelastung.*

Metasilikate: *Stark ätzende Chemikalien in Maschinenspülmitteln. Sie tragen zur Belastung des Abwassers bei.*

N

Natriumhypochlorit: *Ein Chlorsäuresalz, dessen wäßrige Lösung (Natronbleichlauge) aufgrund ihrer stark oxidierenden Wirkung als Bleich- und Desinfektionsmittel benutzt wird.*

Nickel: *Silberweißes, gut verformbares Schwermetall. Es wird zum Legieren, zum Beispiel von Eisen, verwendet für die Herstellung von nichtrostendem Stahl. Nickelverbindungen lösen häufig Allergien aus.*

Nitrat: *Salz der Salpetersäure, das von Pflanzen als Dünger gebraucht wird und so auch in unsere Nahrung gelangt. Zuviel Nitrat kann allerdings gefährlich werden, da der Stoff im menschlichen Körper krebsauslösend weiterreagieren kann. → Kunstdünger.*

O

Optische Aufheller: *In Vollwaschmitteln enthaltene Substanzen, die sich auf dem Gewebe absetzen und ultraviolettes Licht, das das Auge nicht wahrnimmt, in violettes Licht umsetzen. Damit wird der Gelbstich in weißer Wäsche übertüncht. Die Wirkstoffe sind schwer abbaubar und reichern sich im → Klärschlamm und in Gewässerablagerungen an. Wie schädlich sie auf der Haut wirken, ist umstritten.*

Organische Lösemittel: *→ Chlorierte Kohlenwasserstoffe, in denen Farben, Pestizide, Kleber oder Reiniger gelöst sind. Da Lösemittel rasch verdampfen, werden sie leicht eingeatmet, was zu erheblichen Gesundheitsschäden führen kann.*

Oxidationsfarben: *Sie werden beim Haarefärben eingesetzt, das ja bekanntlich die Struktur des Haares angreift und als gesundheitsschädlich gilt, sind aber auch in Tönungsshampoos enthalten.*

Ozonloch: *Hauptsächlich durch → FCKW zerstörte Ozonschicht in der Stratosphäre. Durch die verminderte Ozonkonzentration können vermehrt gefährliche ultraviolette Strahlen zur Erdoberfläche vordringen. Sie schwächen das menschliche → Immunsystem, erzeugen Hautkrebs und hemmen das Wachstum vieler Pflanzen.*

P

Paradichlorbenzol (PDCB): *Gehört zur Gruppe der → chlorierten Kohlenwasserstoffe und wird in Mottenschutzmitteln, → Pestiziden, Geruchssprays und WC-Duftsteinen eingesetzt. Über diese gerät es in großen Mengen in Luft und Abwasser. Es wirkt gesundheitsschädigend und wurde deshalb zumindest aus den Luftverbesserern für den Haushalt entfernt.*

Paraffin: *Flüssige bis wachsartige Masse, geruch- und geschmacklos und ungiftig, die hauptsächlich aus Erdöl gewonnen und zur Herstellung von Kerzen und Lederpflegemitteln verwendet wird. Als Bestandteil von Hautcremes, Körperölen und Sonnenschutzmitteln bilden Paraffinöle auf der Haut eine geschlossene Schicht, die die Atmungsfähigkeit einschränkt und zu einem Wärmestau führt.*

Pentachlorphenol (PCP): *→ Chlorierter Kohlenwasserstoff, der als → Pestizid bei der Lederimprägnierung oder als Holzschutzmittel eingesetzt wurde. PCP ist ein Nervengift und kann das Gehirn schädigen. In Deutschland mittlerweile verboten.*

Perchlorethylen, Per: *Lösemittel aus der Gruppe der → chlorierten Kohlenwasserstoffe, das zur Entfettung in der Industrie und zur Textilreinigung verwendet wird. Per gilt als Nerven-, Leber- und Nierengift, wurde bei uns bisher aber noch nicht verboten.*

Pestizide: *Sammelbegriff für Insektizide (Insektengifte), Herbizide (Unkrautmittel), Fungizide (Pilzgifte) und andere Gifte. → Chlorierte Kohlenwasserstoffe, die sich in Boden, Wasser, Tieren und Pflanzen und so in der Nahrung anreichern und daher auch den Menschen bedrohen können. Sie sind hochgiftig, zum Teil krebserregend.*

Pflanzenschutzmittel: *→ Pestizide.*

pH-Wert: *(lat. potentia hydrogenii »Stärke des Wasserstoffs«) Maßzahl, die angibt, ob eine Lösung sauer, neutral oder alkalisch (basisch) reagiert. Die pH-Wert-Skala reicht von 0 bis 14. Chemisch reines Wasser hat den neutralen pH-Wert von 7, saure Lösungen haben einen kleineren, alkalische einen größeren pH-Wert als 7. Zum Beispiel hängt es bei der Körperpflege vom pH-Wert ab, ob der Säuremantel der Haut beeinträchtigt wird oder nicht. Im Garten bestimmt der pH-Wert des Bodens, welche Pflanzen auf ihm gedeihen können.*

Phosphate: *Salze der Phosphorsäure. Sie sind wichtige Pflanzennährstoffe und dienten lange Zeit als ideale → Enthärter in Waschmitteln. Da sie in Gewässern zu Überdüngung und dadurch übermäßigem Pflanzenwachstum führen, werden sie als Waschmittelzusatz kaum noch verwendet.*

Phosphatersatzstoffe: *Wirkstoffe, die anstelle von Phosphat als → Enthärter in Waschmitteln eingesetzt werden. Darunter gilt Zeolith A als unbedenklich für die Umwelt.*

Phosphorsäureester: *Stoffe, die in → Pestiziden eingesetzt werden und stark giftig wirken.*

Photooxidantien: *Stoffe, die bei starker Sonneneinstrahlung aus Stickoxiden und Kohlenwasserstoffen entstehen und sich dadurch in erdnahen Luftschichten gefährlich anhäufen können wie zum Beispiel das Reizgas Ozon. → Sommersmog.*

Phthalate *(sprich Ftalate): So heißt eine Gruppe chemischer Verbindungen, mit denen Kunststoffe (insbesondere PVC) weichgemacht werden. Der lange Zeit am häufigsten eingesetzte Phthalat-Weichmacher DEHP kann Allergien auslösen, auf das Nervensystem wirken, Leber- und Nierenfunktionen stören, ungeborenes Leben schädigen und steht überdies im Verdacht, Krebs zu erregen. Phthalat-Weichmacher werden zum Beispiel noch immer in Kindersachen wie Beißringen, Schnuller, Wabbeltieren, Knet- und Modelliermassen, aber auch in Fußbodenbelägen sowie in Lebensmittelfolien eingesetzt, wo sie besonders leicht in fetthaltige Speisen übergehen können.*

Polychlorierte Biphenyle (PCB): *Zu den → chlorierten Kohlenwasserstoffen zählende Stoffgruppe, die vor allem in Transformatoren und Kondensatoren als Kühl- und Isolierflüssigkeit eingesetzt wurde. Sie zeichnen sich durch hohe Giftigkeit aus und reichern sich besonders in fetthaltigen Substanzen an, so auch in der Muttermilch. Sie können Leber-, Milz- und Nierenschäden verursachen und stehen in Verdacht, krebserregend zu sein.*

Polyethylen (PE): *Dieser →Kunststoff gilt nicht als krebsverdächtig. Außerdem hinterläßt er bei der Verbrennung weniger Rückstände als → PVC. Das gilt auch für Polypropylen.*

Polypropylen (PP): *→ Polyethylen.*

Polystyrol (PS): *Als Hartschaum eher unter der Bezeichnung Styropor bekannt. Ausgangsmaterial dafür ist das giftige Styrol, das Nerven schädigen kann und als krebsverdächtig gilt. Polystyrol wird unter anderem zur Herstellung von Lebensmittelverpackungen und Plastikgeschirr verwendet. Bewahrt man darin fetthaltige beziehungsweise warme Speisen und Getränke auf, können gefährliche Styrolbestandteile in die Nahrung übergehen.*

Polyurethan (PUR): *→ Kunststoff. Härtet schnell und wird zum Beispiel in Fußbodenlacken verwendet. Gesundheitsschädigend wegen der dabei ausgasenden giftigen → Isocyanate.*

Polyvinylchlorid (PVC): *Einer der häufigsten → Kunststoffe. Aus PVC sind Verpackungen, Spielzeug, Baumaterial, Schuhe, Bodenbeläge und vieles andere mehr. Es wird aus krebs-*

verdächtigem Vinylchlorid hergestellt und kann gesundheitsgefährliche Zusätze enthalten. Bei seiner Verbrennung wird Salzsäure freigesetzt, auch → Dioxine können entstehen.

Polyvinylidenchlorid (PVDC): *Eine dem → Polyvinylchlorid (PVC) verwandte Substanz.*

Pyrethroide: *Dem Wirkstoff der Chrysanthemenblüte (Pyrethrum) nachgebautes Insektengift, das als sogenanntes »Biogift« die gefährlichen chlororganischen → Pestizide (zum Beispiel in Holzschutzmitteln) ablösen sollte. Mittlerweile ist bekannt, daß auch Pyrethroide Nervengifte sind, vor deren Anwendung Mediziner warnen.*

Q

Quecksilber: *Giftiges Schwermetall, das in Batterien, Zahnfüllungen (Amalgam), Thermometern oder Leuchtstoffröhren enthalten ist. Gelangt es in die Umwelt (Müllverbrennung, Hüttenwerke), kann es sich in der Nahrungskette anreichern und zu Nieren- und Nervenschäden führen. Quecksilber ist verantwortlich für einen der ersten Umweltskandale: Über 100 Japaner starben nach dem Verzehr von mit Quecksilber vergifteten Fischen an der sogenannten Minamata-Krankheit.*

R

Radon: *Gas, das beim radioaktiven Zerfall von Uran entsteht. Radon selbst ist nicht gefährlich. Erst seine Zerfallsprodukte greifen Bronchien und Schleimhäute an und können Krebs auslösen. Besonders betroffen von dieser natürlichen Radioaktivität sind die Eifel, das Andernacher Becken, das Saarland, Teile des Bayerischen Walds sowie des Schwarzwalds und das Fichtelgebirge. Ausgesprochen gefährlich ist die Belastung in Uranabbaugebieten wie im Erzgebirge. Dort wurden in Häusern bis zu 30.000 Becquerel pro Kubikmeter Raumluft gemessen.*

Recycling: *Materialkreislauf, in dem der Rohstoff nach Gebrauch eines Produkts wiedergewonnen und erneut in ein gleichwertiges Produkt eingebaut werden kann, mit dem Ziel, Rohstoffe zu sparen. Ideal ist der Stoffkreislauf der Natur organisiert: Biomasse wird zu Humus und liefert somit erneut Nährstoffe für das Pflanzenwachstum und damit Nahrung für Mensch und Tier.*

S

Salmiak: *Ammoniumsalz der Salzsäure, Bestandteil von Reinigungs- und Fleckenmitteln.*

Salmiakgeist: *Wäßrige Ammoniaklösung, die unter anderem als Reinigungsmittel verwendet wird.*

Salmonellen: *Darmbakterien, die meist durch Lebensmittel tierischer Herkunft, insbesondere durch tiefgefrorenes Geflügel übertragen werden. Sie können Fieber, Durchfall oder sogar tödliche Vergiftungen auslösen.*

Sanfor: *Hinweis in Textilien auf Verfahren, bei dem die Bügelfreiheit von Baumwollgeweben durch mechanische Stauchung der Fasern, ohne Behandlung mit → Formaldehyd, erreicht wird. Bei Sanfor-plus hingegen wurde zusätz-lich Formaldehyd verwendet, bei Sanfor-set Ammoniak.*

Saurer Regen: *Wenn Schwefeldioxid und Stickoxide mit dem in der Atmosphäre enthaltenen Wasser und Luftsauerstoff reagieren, entstehen Schwefel- und Salpetersäure. Diese Säuren gelangen dann mit den Niederschlägen in Boden und Gewässer. Der Saure Regen gilt als einer der Hauptverursacher des Waldsterbens.*

Schaumbremser: *Sie verhindern in Waschmitteln, daß die Waschlauge überschäumt. Die häufig dafür verwendeten Silikonöle werden nur sehr langsam abgebaut und bleiben im → Klärschlamm hängen.*

Schmierseife: *Aus Fetten, Ölen sowie Kalilauge, manchmal auch auf Basis von Pottasche (Kaliumcarbonat) hergestellte Seife, die im → Klärschlamm gut abgebaut werden kann und deshalb kaum umweltbelastend ist.*

Schwermetalle: *Als Schwermetalle werden zum Beispiel Arsen, → Cadmium, → Quecksilber, Zink, Chrom, → Nickel oder → Blei bezeichnet. Sie sind normalerweise schwerlöslich, durch den → Sauren Regen werden sie jedoch in lösliche Salze umgewandelt und können so über den Boden in die Nahrung (Getreide, Gemüse, Pilze) gelangen. Im Organismus beeinträchtigen sie Organfunktionen und können Knochen erweichen.*
Soil-repellent: *Bezeichnung für die schmutzabweisende Ausrüstung von Textilien zum Beispiel mit → Acrylaten.*
Sommersmog: *Auch »Los Angeles-Smog« genannt. Er bildet sich in den untersten Luftschichten vorwiegend durch Autoabgase und intensive Sonneneinwirkung. Dabei häufen sich → Photooxidantien wie das Reizgas Ozon übermäßig an. Dieser Luftschadstoff kann Kopfweh, Übelkeit, Augenreizungen, abnorme Müdigkeit und Leistungsminderung hervorrufen sowie unsere Lungenfunktion stark verschlechtern.*
Spanplatten: *Auch Faserplatten genannt. Mit Kunstharzen zusammengeleimte Holzschnitzel, die einen flächigen Holzwerkstoff für die Möbelproduktion ergeben oder als Verkleidung von Wänden und Böden verwendet werden. → Formaldehyd, → Isocyanat, → Magnesit.*
Spiritus: *Auch Weingeist genannt. Reiner Alkohol. → Brennspiritus.*
Stabilisatoren: *Wirkstoffe in Waschmitteln. Sie dienen dazu, Schwermetalle, die bei der Produktion als Verunreinigungen entstehen oder mit dem Wäscheschmutz dazukommen, unwirksam zu machen.*
Styrol: *→ Polystyrol.*
Syndet: *Setzt sich aus der jeweils ersten Silbe der beiden Wörter synthetische → Detergentien zusammen. Künstlich hergestellte waschaktive Substanz in flüssiger oder fester Form.*
Synthetics: *Bezeichnung für alle aus Kunstfasern hergestellten textilen Gewebe.*

T

Tenside: *Waschaktive Substanzen, die in Seifen, Spül- und Waschmitteln enthalten sind und die Oberflächenspannung des Wassers herabsetzen, so daß sich Schmutz besser entfernen läßt. Man unterscheidet zwischen anionischen, nichtionischen und kationischen Tensiden. Sie sind überwiegend künstlich hergestellt und nicht vollständig abbaubar.*
Textilien, hochveredelte: *Stoffe aus Naturfasern, die mittels Chemikalien bügelfrei, knitterfrei, schmutzabweisend oder mottensicher (→ Eulanisierung) gemacht werden. Manche der Ausrüstungschemikalien können beim Tragen der Kleidung über die Haut in den Körper gelangen und Gesundheitsstörungen auslösen.*
Toluol: *Aromatischer Kohlenwasserstoff, der als Lösemittel in Klebern oder Farben enthalten sein kann. Mit Xylol und Benzol zusammen bildet er die sogenannte »btx-Bande« der gefährlichen Aromaten, die als Nervengifte gelten.*
Trichlorethylen, Tri: *Lösemittel, das wie → Perchlorethylen (Per) als Reinigungs- und Entfettungsmittel verwendet wird. Es wird nur als »leicht giftig« eingestuft, gilt jedoch als krebsverdächtig.*

W

Weichmacher: *Zusätze bei der Kunststoffproduktion. Sie verhindern, daß die Produkte hart und spröde werden. Problematisch ist, daß diese Substanzen aus den → Kunststoffen ausgasen können, denn zahlreiche sind giftig oder möglicherweise krebserregend. → Phthalate.*

Z

Zellstoff: *Aus Holz gewonnener Rohstoff für die Papierproduktion. Wenn bei der Zellstoff-Bleiche Chlor eingesetzt wird, können im Papierprodukt und im Abwasser chlorhaltige Substanzen (→ Dioxine) enthalten sein.*

Literatur und Adressen

Quellen und weiterführende Literatur

Bücher

Zu allen Themen:

Chemie im Haushalt**,** Hrsg. Katalyse, Rainer Grießhammer. Rowohlt, Reinbek 1984.

Chemie im Haushalt**,** VUA Verein für Umwelt- und Arbeitsschutz e.V., Fehrfeld 60, 2800 Bremen 1, 1989.

Das Alternative Branchenbuch**,** ALTOP Verlag, München 1990.

Der Umweltfahrplan, Hrsg. AUGE. Falken, Niedernhausen 1990.

Der umweltfreundliche Haushalt, Barbara Zeschmar-Lahl. Falken, Niedernhausen 1991.

Entgiften – Was jeder zu Hause tun kann, Koch/Maywald/Klopfleisch. Goldmann, München 1989.

50 einfache Umwelt-Tips für den Alltag, Gerd Pfitzenmaier/Brigitte Schmelzer. Gräfe und Unzer, München 1991.

Haushalt ohne Chemie (Bd.1 und 2), Brigitte Burger. Dreisam, Freiburg 1984/1987.

Haushalt ohne Gift, Petra Juling. Dreisam, Köln 1990.

Haushaltsfibel – Umweltschutz zu Hause, Broschüre. Aktionszentrum Umweltschutz, Berlin 1989.

Kleiner Öko-Ratgeber, Walter Lutz. ecomed Verlag, Landsberg 1990.

Krebsgifte, Wulf-Dietrich Rose. Mosaik, München 1987.

mensch + umwelt – Dicke Luft in Innenräumen, Magazin der gsf, Gesellschaft für Strahlen- und Umweltforschung München GmbH, Öffentlichkeitsarbeit, Ingolstädter Landstr. 1, 8042 Neuherberg, 1989.

Ökorat von A bis Z, Horst Speichert/Frank Brettschneider. Scriptor, Frankfurt 1989.

Öko-Test Lexikon Haushalt, Hrsg. Ingke Brodersen. rororo, Reinbek 1990.

Regenwassernutzung für Waschmaschine, Toilettenspülung und Garten, AloisWilhelm/Heribert Rustige. Verlag Wagner & Co. Solartechnik GmbH, Marburg 1989.

Reizend – Allergien durch Haushaltschemikalien, Hrsg. Stiftung Verbraucherinstitut, Berlin 1989. Versandservice: Postfach 1448, 5787 Olsberg.

Sauber ohne Reue, Broschüre. Umweltbundesamt, Berlin.

Umweltfreundliche Hauswirtschaft, Claudia und Reinold Fischer. Hans Holzmann Verlag, Bad Wörishofen 1990.

Umweltfreundlich einkaufen, J. Elkington u. J. Hailes/H.-J. Kursawa-Stucke u.a. Knaur, München 1990.

Umweltschutz – Das Öko-Testbuch zur Eigeninitiative, Manfred Häfner. Falken, Niedernhausen 1987.

Was Sie schon immer über Umweltchemikalien wissen wollten, Bundesminister für Umwelt, Naturschutz und Reaktorsicherheit. Kohlhammer, Stuttgart 1990.

Zu »Hausputz ohne Chemie«:

Der neue Öko-Putzschrank, Hrsg. Stiftung Verbraucherinstitut, Berlin 1988. Versandservice: Postfach 1448, 5787 Olsberg (zur Zeit vergriffen).

Öko-Test Ratgeber Waschen und Putzen, Hrsg. Ingke Brodersen. rororo -Sachbuch, Reinbek 1990.

Umweltverträgliche Sauberkeit, Hrsg. Stiftung Verbraucher-Institut/IMSA, Berlin 1988. Versandservice, Postfach 1448, 5787 Olsberg.

Zu »Sauber waschen, bügeln und Schuhe putzen«:

Chemie im Kleiderschrank, Meike Ried. Rowohlt, Reinbek 1989.

Leitfaden für gesunde Textilien, Bernhard Rosenkranz/Edda Castelló. rororo-Sachbuch, Reinbek 1989.

Stromsparen beim Waschen, Siegfried Scheer. Ökobuch-Verlag, Grebenstein 1983.

Waschzwänge - Verbrauchertips gegen Werbegewäsch, Verbraucher-Zentrale Niedersachsen, Herrenstr. 14, 3000 Hannover 1, 1989.

Zu »Kein Gift in der Küche«:
Chemie in Lebensmitteln, Hrsg. Katalyse Umweltgruppe. Zweitausendeins, Frankfurt 1986/1990.
GU Kompaß E-Nummern, Elmadfa/Muskat/ Fritzsche. Gräfe und Unzer, München 1990.
Natürliche Vorratshaltung in der Vollwertküche, Ingrid und Annette Früchtel. Gräfe und Unzer, München 1988.
Was wir alles schlucken, Hrsg. Katalyse Umweltgruppe. Rowohlt, Reinbek 1985.

Zu »Umweltschonend Heimwerken«:
Asbest, Hrsg. VUA Verein für Umwelt- und Arbeitsschutz e.V., Fehrfeld 60, 2800 Bremen 1, 1990.
Der Öko-Lackschrank, Hrsg. Stiftung Verbraucherinstitut. Versandservice: Postfach 1448, 5787 Olsberg, 1987.
Formaldehyd in Haus und Haut, Verbraucher Zentrale Nordrhein-Westfalen, Mintropstraße 27, 4000 Düsseldorf 1, 1988.
Holzschutz, Arbeitsgemeinschaft Wohnberatung e.V., Heilsbachstr. 20, 5300 Bonn-Duisdorf, 1988.
Lacke & Farben richtig auswählen + verarbeiten, Infoblatt, Verbraucher-Zentrale Hamburg, Große Bleichen 23, 2000 Hamburg 36.
Öko-Test Ratgeber Heimwerken, Hrsg. Ingke Brodersen. rororo-Sachbuch, Reinbek1989.
Vorsicht nicht nur frisch gestrichen, Lösemittelbroschüre, Hrsg. VUA, Verein für Umwelt- und Arbeitsschutz e.V., Fehrfeld 60, 2800 Bremen 1, 1987.
Wohngifte, Hrsg. Friedrich Kur, begründet von Wulf-Dietrich Rose. Eichborn, Frankfurt 1986.

Zu »Gesund und umweltfreundlich wohnen«:
Dicke Luft, Hrsg. Axel Cruse. Die Verbraucher Initiative, Breite Str. 51, 5300 Bonn 1, 1988.
Ohne Chemie! Schädlingsbekämpfung im Haushalt, Infoblatt, Verbraucher-Zentrale Hamburg, Große Bleichen 23, 2000 Hamburg 36.
Prima Klima – Schadstoffe in Innenräumen, Katalyse-Verbraucherinformation Nr. 3, Hrsg. Katalyse Gesellschaft für angewandte Umweltforschung und Verlag mbH, Köln 1990.
Radon und Strahlung aus Baustoffen, Katalyse-Verbraucher-Information 2, Hrsg. Katalyse Gesellschaft für angewandte Umweltforschung und Verlag mbH, Köln 1990.
Richtiges Bett - gesunder Schlaf, Hrsg. AgV Arbeitsgemeinschaft der Verbraucherverbände, Heilsbachstr. 20, 5300 Bonn 1, 1987.
Vom Umgang mit Formaldeyhd, Broschüre, Hrsg. Bundesgesundheitsamt. Berlin 1985.
Zecken, Milben, Fliegen, Schaben..., Birgit u. Heinz Mehlhorn. Springer, Berlin 1990.

Zu »Natürlich schön und gesund«:
Das große Buch der Heilpflanzen, Mannfried Pahlow. Gräfe und Unzer, München 1989.
Der Kosmetik-Tester, Silke Schwartau/Bernhard Rosenkranz. rororo, Reinbek 1990.
Hauptsache braun?, Hrsg. Verbraucher-Zentrale Niedersachsen, Herrenstraße 14, 3000 Hannover 1, 1990.
Kosmetika - Was so drin und dran ist, Hrsg. Verbraucher-Zentrale Baden-Württemberg, Augustenstraße 6, 7000 Stuttgart 1, 1988.
Kosmetik – Chemie auf Haut und Haaren, Dieter Wundram. Hrsg. Katalyse Köln. Rowohlt, Reinbek 1988.
Meine Heilpflanzen-Tees, Mannfried Pahlow. Gräfe und Unzer, München 1986.
Naturkosmetik für jeden, Linda Waniorek. Gräfe und Unzer, München 1986.
Öko-Test Ratgeber Kosmetik, Band 1 und 2, Hrsg. Ingke Brodersen. rororo-Sachbuch, Reinbek 1990.

Zu »Kinder vor Chemie schützen«:
18. Verzeichnis des »spiel gut« ausgezeichneten Spielzeugs 1990/91, Hrsg. spiel gut Arbeitsausschuß Kinderspiel + Spielzeug e.V., Heimstr. 13, 7900 Ulm.
Chemie im Kinderzimmer, Friege/Claus/ D'Haese. Rowohlt, Reinbek 1986.

Für Babys - Was schmeckt und gut bekommt, Dagmar v. Cramm. Gräfe und Unzer, München 1991.
Gift im Kinderzimmer, Hrsg. BUND-Umweltzentrum, Rotebühlstr. 86/1, 7000 Stuttgart 1, 1989.
Mein Kind – geschützt vor Umweltgiften, Marina Jagemann/Dietmar Schiffmann. Gräfe und Unzer, München 1991.
Öko-test Ratgeber Kleinkinder, Hrsg. Ingke Brodersen. rororo, Reinbek 1990.
Umweltfreundliches Spielzeug, Infoblätter, Hrsg. spiel gut Arbeitsausschuß Kinder spiel + Spielzeug e.V., Heimstr. 13, 7900 Ulm.
Unser Kind ist allergisch, Hrsg. Arbeitsgemeinschaft Allergiekrankes Kind. Otto Maier, Ravensburg 1989.

Zu »Gefahrlos basteln und malen«:

Chemie in Mal- und Bastelmaterialien, Hrsg. Labbé GmbH. Versand: Kolping straße 4, 5010 Bergheim, 1986.
Mein Kind – spielerisch fördern, Wolfgang Wöbking. Gräfe und Unzer, München 1991.

Zu »Pflanzen giftfrei pflegen«:

Aktion Garten ohne Gift, Ernst Hoplitschek u.a. Falken, Niedernhausen 1989.
Balkon- und Kübelpflanzen, Halina Heitz. Gräfe und Unzer, München 1991.
Biologischer Pflanzenschutz im Garten, Otto Schmid/Silvia Henggeler. Ulmer, Stuttgart 1989.
Blütenpflanzen fürs Zimmer, Halina Heitz. Gräfe und Unzer, München 1991.
Das große Biogarten-Handbuch, Claudia u. Reinold Fischer. Südwest, München 1988.
Gärtnern ohne Gift, Hrsg. Verbraucher-Zentrale Hamburg. Große Bleichen 23, 2000 Hamburg 36, 1989.
Gesunder Boden, gesunde Pflanzen, Gerhard Schlammer. Gräfe und Unzer, München 1991.
Kompost und Wurmhumus, Robert Sulberger. BLV, München 1989.
Küchenkräuter biologisch ziehen, Christine Recht. Gräfe und Unzer, München 1990.
Nitrat in Wasser und Gemüse, Hrsg. Verbraucher-Zentrale Nordrhein-Westfalen. Mintropstraße 27, 4000 Düsseldorf 1, 1991.
Schneckenbekämpfung ohne Gift, Claudia Graber/Henri Suter. Kosmos - Franckh'sche Verlagshandlung, Stuttgart 1989.
Zimmerpflanzen, Halina Heitz. Gräfe und Unzer, München 1990.

Zeitschriften:

Das Umweltjournal - H_2O, Scelta GmbH, Anton-Falch-Str. 3, A-6064 Rum.
Gesünder Wohnen & Bauen, Verlag Biologisch wohnen + leben, Heilig-Geist-Str. 54, 8200 Rosenheim.
Kraut & Rüben, BLV-Verlag, Lothstr. 29, 8000 München 40.
Natürlich, AT-Fachverlag GmbH, Postfach 50 01 80, 7000 Stuttgart 50.
natur – Das Umweltmagazin, Sonderhefte: Bauen & Wohnen; Medizin & Gesundheit; 1000 Ideen für den Alltag. Ringier Verlag, Gustav-Heinemann-Ring 212, 8000 München 83.
Öko-Test-Magazin, Öko-Test Verlag GmbH & Co. KG, Mainzer Landstr. 147, 6000 Frankfurt 11.
prüf mit, Konsumentinnenforum, Postfach, CH-8024 Zürich.
test, test Sonderheft Umweltschutz, Stiftung Warentest, Lützowplatz 11–13, 1000 Berlin 30.
Test, Hrsg. SKS Stiftung für Konsumenten schutz, Monbijoustr. 61, CH-3007 Bern.

Adressen

Giftnotruf-Zentralen mit 24-Stunden-Dienst:

Berlin-West
Telefon (030) 3023022, 30353466, 30352215, 30353436, Zentrale: 30350

Berlin-Ost
Telefon (00372) 3669418, 3653353

Bonn
Telefon (0228) 2606211, Zentrale: 26061

Braunschweig
Telefon (0531) 62290

Bremen
Telefon (0421) 4975268, 4973688
Freiburg
Telefon (0761) 2704361, 2704300/01, Zentrale: 2701
Göttingen
Telefon (0551) 396239, 396210, Zentrale: 390/391
Hamburg
Telefon (040) 63853345/46, Zentrale: 63851
Homburg/Saar
Telefon (06841) 162257, 162846, Zentrale: 160
Kiel
Telefon (0431) 5974268, Zentrale: 5971393/94
Koblenz
Telefon (0261) 499648, Zentrale: 49911
Ludwigshafen
Telefon (0621) 503431, Zentrale: 5030
Mainz
Telefon (06131) 232466/7, Zentrale: 171
Mönchengladbach
Telefon (02161) 81940
München
Telefon (089) 41402211, Zentrale: 41401
Münster
Telefon (0251) 836245, 836188, Zentrale: 831
Nürnberg
Telefon (0911) 3982451, Zentrale: 3980

Österreich:
Wien - Telefon (0222) 40400/2222, Notruf (0222) 434343
Schweiz:
Zürich - Telefon (01) 2515151

Giftnotruf-Zentralen noch ohne 24-Stunden-Dienst:
Leipzig
Telefon (003741) 79600
Papenburg
Telefon (04961) Zentrale: 830, 831

Verbraucherzentralen:
Baden-Württemberg: Augustenstr. 6, 7000 Stuttgart 1, Telefon (0711) 610923.
Bayern: Mozartstr. 9, 8000 München 2, Telefon (089) 539870.
Berlin: Bayreuther Str. 40, 1000 Berlin 30, Telefon (030) 219070.
Brandenburg: Hegelallee 6-8, Haus 9, O-1516 Potsdam, Tel. (003733) 303981.
Bremen: Ansgaritorstr.3, 2800 Bremen 1, Telefon (0421) 18526.
Hamburg: Große Bleichen 23-27, 2000 Hamburg 36, Telefon (040) 35001481-85.
Hessen: Berliner Str. 27, 6000 Frankfurt am Main 1, Telefon (069) 280701.
Mecklenburg/Vorpommern: Damgartener Chaussee 61, O-2590 Ribnitz-Damgarten, Telefon (0037825) 59351.
Niedersachsen: Herrenstr. 14, 3000 Hannover 1, Telefon (0511) 9119601.
Nordrhein-Westfalen: Mintropstr. 27, 4000 Düsseldorf 1, Telefon (0211) 38090.
Rheinland-Pfalz: Große Langgasse 16, 6500 Mainz 1, Telefon (06131) 232037.
Saarland: Hohenzollernstr. 11, 6600 Saarbrücken 1, Telefon (0681) 52047.
Sachsen: Burgstr. 2, O-7010 Leipzig, Telefon (003741) 291441.
Sachsen-Anhalt: Marx-Engels-Platz 14/15, O-4010 Halle, Telefon (003746) 872-373.
Schleswig-Holstein: Bergstr. 24, 2300 Kiel 1, Telefon (0431) 51286/7.
Thüringen: Wilhelm-Külz-Str. 26, O-5020 Erfurt, Telefon (003761) 61312, 61390.

Adressen für weitere Information und Beratung:
AAB Allergiker- und Asthmatikerbund e.V., Hindenburgstr. 110, 4050 Mönchengladbach 1, Telefon (02161) 18 30 24.
AGÖF Arbeitsgemeinschaft der ökologischen Forschungsinstitute, Rheingasse 8-10, 5300 Bonn 1, Telefon (0228) 630129.
AgV Arbeitsgemeinschaft der Verbraucherverbände, Heilsbachstr. 20, 5300 Bonn 1, Telefon (0228) 64890.
AgV Außenstelle Berlin, Wallstr. 61-65, O-1026 Berlin, Telefon (00372) 2741204, 2741621.
AUGE Aktionsgemeinschaft Umwelt, Gesundheit, Ernährung e.V., Christian-Förster-Str. 19, 2000 Hamburg 20,

Telefon (040) 402697.
BBU Bundesverband Bürgerinitiativen Umweltschutz, Prinz-Albert-Str. 43, 5300 Bonn, Telefon (0228) 214032.
BUND Bund für Umwelt und Naturschutz Deutschland e.V., Im Rheingarten 7, 5300 Bonn 3, Telefon (0228) 400970.
Bundesgesundheitsamt, Thielallee 88-92, 1000 Berlin 33, Telefon (030) 83080.
Bundesministerium für Umwelt, Naturschutz und Reaktorsicherheit, Kennedyallee 5, 5300 Bonn, Telefon (0228) 3050.
Bundesverband für Umweltberatung, Walsroder Str. 12–14, 2800 Bremen 1, Telefon (0421) 357195.
ConsumentenBund e.V. Bund umweltbewußter Verbraucher, Plantagenstr. 12, 5000 Köln 91, Telefon (0221) 875063.
Deutsche Arbeitsgemeinschaft Selbsthilfegruppen, Friedrichstr. 28, 6300 Gießen, Telefon (0641)7022478.
DNR Deutscher Naturschutzring, Kalkuhlstr. 24, 5300 Bonn 3, (0228) 441505.
Greenpeace, Vorsetzen 53, 2000 Hamburg 11, (040) 311860.
Grüne Liga, Friedrichstr. 165, O-1080 Berlin, Telefon (00372) 2202091.
gsf Gesellschaft für Strahlen- und Umweltforschung mbH, Ingolstädter Landstr. 1, 8042 Neuherberg, Telefon (089) 31870.
IföR Institut für ökologisches Recycling, Kurfürstenstr. 14, 1000 Berlin 30, Telefon (030) 2628021.
Öko-Institut Freiburg, Binzengrün 34a, 7800 Freiburg, Telefon (0761) 473031.
Robin Wood, Nernstweg 32, 2000 Hamburg 50, Telefon (040) 3909556.
Stiftung Verbraucherinstitut, Reichpietschufer 74-76, 1000 Berlin 30, (030) 2549020.
Stiftung Warentest, Lützowplatz 11-13, 1000 Berlin 30, Telefon (030) 26311.
UBA Umweltbundesamt, Bismarckplatz 1, 1000 Berlin 33, Telefon (030) 89030.
UfU Unabhängiges Institut für Umweltfragen, Gr. Klausstr.11, O-4022 Halle, Telefon (003746) 26530.
UGB Verband der unabhängigen Gesundheitsberater, Keplerstr. 1, 6300 Gießen, Telefon (0641) 77785.
Umweltberatungszentrum Rostock, Im Ständehaus, O-2500 Rostock, Telefon (003781) 322068.
Umweltzentrum Schwerin, Lübecker Str. 20, O-2754 Schwerin, Telefon (003784) 57405, 83243.
UPI Umwelt- und Prognose-Institut, Handschuhsheimer Landstr. 118a, 6900 Heidelberg, Telefon (06221) 473500.
VUA Verein für Umwelt- und Arbeitsschutz e.V., Fehrfeld 60, 2800 Bremen 1, Telefon (0421) 702203.
WWF Worldwide Fund for Nature, Heddestr. 110, 6000 Frankfurt 70, Telefon (069) 6050030.

Österreich:
Bundesministerium für Umwelt, Jugend und Familie, Radetzkystr. 2, A-1030 Wien, Telefon (0222) 53475152.
Verband Österreichischer Umweltberatungsstellen, Mariahilfer Str. 89/22, A-1060 Wien, Telefon (0222) 5877393, 5648375.
Verein für Konsumenteninformation, Postfach 440, A-1061 Wien, (0222) 588-77.

Schweiz:
BUWAL Bundesamt für Umwelt, Wald und Landschaft, CH-3003 Bern, Telefon (031) 619356.
Schweizerische Arbeitsgemeinschaft für Umweltschutz, Postfach 909, CH-4001 Basel, Telefon (061) 256179.
SGU Schweizerische Gesellschaft für Umweltschutz, Merkurstr. 45, CH-9032 Zürich, Telefon (01) 251 28 26.
SKS Stiftung für Konsumentenschutz, Monbijoustr. 61, CH-3007 Bern, Telefon (031) 453444.

Bezugsquellen und Beratung zu den Tips:

Abflußreinigerpumpen (→ Tip 1):
ASV Neuheiten-Markt GmbH, Hauptstr. 64, 7582 Bühlertal, Telefon (07223) 73632.
Panda-Versand, Postfach 1542, 7505 Ettlingen, Telefon (07234) 102286.

Allergien bei Kindern (→ Seite 54):
AK Arbeitsgemeinschaft Allergiekranke Kinder (Bundesverband), Hauptstr. 29, 6348 Herborn, Telefon (02772) 41237
Asbest-Ersatzstoffe (→ Tip 21):
BBU Bundesverband Bürgerinitiativen Umweltschutz, Prinz-Albert-Str. 43, 5300 Bonn, (0228) 214032.
Babykost (→ Tip 36):
Eltern für unbelastete Nahrung e.V. (EUN), Königsweg 7, 2300 Kiel.
Bauen, Heimwerken (→ Tip 19 bis 23):
Institut für Baubiologie, Heilig-Geist-Str. 54, 8200 Rosenheim, (08031) 17091.
Institut f. Bautechnik, Reichpietschufer 72-76, 1000 Berlin 30, Telefon (030) 25031.
Farben und Lacke (→ Tip 20):
AGN Arbeitsgemeinschaft Naturfarben, Im Asemwald 12/12, 7000 Stuttgart 70, Telefon (0711) 727951.
Fußboden (→ Tip 21):
Fachverband Asbest-Sanierung, Kaiser-Wilhelm Ring 13, 5000 Köln 1, Telefon (0221) 529841.
Kontaktstelle für von Isocyanaterkrankungen Betroffene, Nelly Gruber, Bruelstr. 15, 7550 Konstanz.
Garten ohne Gift (→ Tip 45 bis 50):
BUND Bund für Umwelt und Naturschutz Deutschland e.V., Im Rheingarten 7, 5300 Bonn 3, Telefon (0228) 400970.
Henna-Untersuchung (→ Tip 33):
Informationen Bremer Umweltinstitut für Analyse und Bewertung von Schadstoffen, Wielandstr. 25, 2800 Bremen, Telefon (0421) 76078.
Holzschädlingsbekämpfung/ Heißluftverfahren (→ Tip 19):
Alternatives Branchenbuch* oder unter Holzschädlingsbekämpfung im Branchen-Telefonbuch.
Holzschutz (→ Tip 19):
Arbeitsgemeinschaft Holz, Füllenbachstr. 6, 4000 Düsseldorf 30, Tel. (0211) 434635.
IHG Interessengemeinschaft der Holzschutzmittel-Geschädigten, Unterstaat 14, 5250 Engelskirchen, (02263) 3786.
VerbraucherInitiative, Breite Str. 51, 5300 Bonn 1, Telefon (0228) 659044.
Kosmetik ohne Tierversuche – Positivliste (→ Seite 48):
DTB Deutscher Tierschutzbund e.V., Baumschulallee 15, 5300 Bonn 1, Telefon (0228) 631005.
Naturmöbel (→ Tip 27 und 28):
Alternatives Branchenbuch*
Naturtextilhersteller (→ Tip 11, 27 und 38):
AK Naturtextilien, c/o Engel KG, Albstr. 38, 7410 Reutlingen 1, Tel. (07121) 36321.
Öko-Putzkiste* (→ Seite 9):
Waschbär-Versand, Postfach 547, 7800 Freiburg, Telefon (0761) 50531.
Spanplatten (→ Tip 22):
Die VerbraucherInitiative, Selbsthilfegruppe Formaldehyd-Geschädigter, Kölnstr. 198, 5300 Bonn.
Kontaktstelle für von Isocyanaterkrankungen Betroffene, Nelly Gruber, Bruelstr. 15, 7550 Konstanz.
Spielzeug-Verzeichnis (→ Tip 39):
»spiel gut« Arbeitsausschuß Kinderspiel und Spielzeug e.V., Heimstr. 13, 7900 Ulm, Telefon (0731) 65653.
Windelservice (→ Tip 35):
1000 Berlin 49, Rackebüllerweg 26, Telefon (030) 6216613.
2000 Hamburg 11, Michaelispassage 2, Telefon (040) 341515.
5000 Köln 30, Gutenbergstr. 126, Telefon (0221) 527561.
7000 Stuttgart 50, Im Feldle 27, Telefon (0711) 531148.
8042 Oberschleißheim, Am Michaelianger 2f, Telefon (089) 3159316.
8552 Höchstadt/Eich, Saltendorf Nr. 10, Telefon (09193) 7644.
Wohnen (→ Tip 24 bis 28):
Arbeitsgemeinschaft Wohnberatung e.V., Heilsbachstr. 20, 5300 Bonn-Duisburg, Telefon (0228) 641011.
Bundesverband Gesundes Bauen und Wohnen e.V., Postfach 1820, 3300 Braunschweig, Telefon (0531) 82840.

*Weitere Bezugsquellen enthält »Das Alternative Branchenbuch« mit 17.000 Adressen,

ALTOP Verlags- und Vertriebsgesellschaft für umweltfreundliche Produkte GmbH, Gotzingerstr. 48, 8000 München 70, Telefon (089) 7258043.

Analyselabors (nach PLZ-Bereichen):

Erkundigen Sie sich nach Art und Kosten der Untersuchung, bevor Sie Materialproben auf Asbest, Raumluft auf Formaldehyd oder Trinkwasser auf Kupfer untersuchen lassen. Ein Preisvergleich lohnt sich. Auch der TÜV macht bestimmte Analysen. Weitere private Institute finden Sie im Branchen-Telefonbuch zum Beispiel unter »Laboratorien« oder »Chemiker«.

1000:

BAM Bundesanstalt für Materialforschung und -prüfung, Unter den Eichen 87, 1000 Berlin 45, Telefon (030) 81041.

BAUCH Beratung und Analyse Verein für Umweltchemie, Wilsnacker Str. 15, 1000 Berlin 21, Telefon (030) 3944908.

Unabhängige Strahlenmeßstelle (Radon), Strahlentelex, Turmstr.13, 1000 Berlin 21, Telefon (030) 3948960.

2000:

Bremer Umweltinstitut für Analyse und Bewertung von Schadstoffen, Wielandstr.25, 2800 Bremen, Telefon (0421) 76078.

Ökologische Verbraucherberatung Hamburg, Grindelberg 83, 2000 Hamburg 14, Telefon (040) 4228621.

Untersuchungsstelle für Umwelttoxikologie, Fleckenstr. 4, 2300 Kiel, (0431) 5973545.

3000:

Chemie & Umwelt, Schaumburgstr. 28, 3000 Hannover 21, Tel. (0511) 750772.

Fraunhofer-Institut für Toxikologie und Aerosolforschung, Nikolai-Fuchs-Str. 1, 3000 Hannover 61, (0511) 53500.

WKI Wilhelm-Klauditz-Institut Fraunhofer-AG f. Holzforschung, Bienroder Weg 54e, 3300 Braunschweig, Tel. (0531) 39090.

4000:

IFU Institut für Umweltanalytik, Fahres 18, 4050 Mönchengladbach 1, Telefon (02161) 666466.

IFUA Institut für Umweltanalyse e.V., Milser Str. 37, 4800 Bielefeld 16, Telefon (0521) 76077.

Medizinisches Institut für Umwelthygiene an der Uni Düsseldorf, Auf'm Hennekamp 50, 4000 Düsseldorf 1, Tel. (0211) 33890.

5000:

eco-Umweltlabor GmbH, Engelbertstr. 41, 5000 Köln 1, Telefon (0221) 219521.

Fraunhofer-Institut für Umweltchemie und Ökotoxikologie, Am Aberg 1, 5948 Schmallenberg, Telefon (02972) 3020.

Katalyse - Institut für angewandte Umweltforschung, Mauritiuswall 24-25, 5000 Köln 1, Telefon (0221) 235965.

6000:

ARGUK Umweltlabor, Krebsmühle, 6370 Oberursel, Telefon (06171) 71817.

Hygiene-Institut der Universität, Abt. Hygiene und Umwelthygiene, Im Neuenheimer Feld 324, 6900 Heidelberg 1, Telefon (06221) 562080.

Ingenieursozietät für Umwelttechnik und Bauwesen, Pfingstweidstr. 11, 6000 Frankfurt/Main 1, Telefon (069) 446088.

7000:

BUND Umweltlabor, Alleenstr. 13, 7730 VS-Schwenningen, Telefon (07720) 21642.

Chemisches Institut für Umweltanalytik, Ernst-Simon-Str. 2-4, 7400 Tübingen, Telefon (07071) 70070.

Dekra Meßstelle für Gefahrenstoffe, Schultze-Delitzschstr. 49, 7000 Stuttgart 80, Telefon (0711) 78610.

8000:

INA Institut für Naturwissenschaftliche Analytik, Landratsstr. 6, 8229 Laufen, Telefon (08682) 9300.

Labor für Raumluftanalysen und Materialprüfung, Heilig-Geist-Str. 54, 8200 Rosenheim, Telefon (08031) 17092.

Umweltinstitut München, Elsässer Str. 30, 8000 München 80, Telefon (089) 488707.

Sachregister

Die **halbfett** gesetzten Seitenzahlen verweisen auf Stichworte im Umwelt-Lexikon

Mehr wissen. Mehr sehen. Mehr erleben.

GU Naturführer, die idealen Bücher für jeden Naturfreund, der Spaziergänge, Wanderungen und Ausflüge in ein echtes Naturerlebnis verwandeln möchte. Über die präzise Sachinformation hinaus verraten die GU Naturführer lebendig und prägnant, wie sich damit die Natur erforschen läßt, z.B. wie man sich beim Beobachten von Singvögeln verhalten sollte oder das Wetter von morgen selber vorhersagt. Für alle, die mehr wissen, mehr sehen und damit mehr erleben wollen. Mit GU.

GU Naturführer Singvögel kennenlernen, erleben, schützen
34,– DM

Großer GU Ratgeber Wolken/Wetter
33,– DM

GU Naturführer Sterne und Planeten bestimmen, kennenlernen und erleben. 34,80 DM

GU Naturführer
Blumen
29,80 DM

GU Naturführer
Säugetiere
29,80 DM

GU Naturführer
Bäume
29,80 DM

GU Naturführer
Vögel
26,80 DM

Mehr draus machen. Mit GU.

GU GRÄFE UND UNZER

Gefahren-Quiz

Mit diesen Bildsymbolen und den darüber stehenden Buchstaben werden in der Europäischen Gemeinschaft gefährliche Produkte gekennzeichnet. Kennen Sie ihre Bedeutung?

Hinweis: Auf den Produkten stehen die Gefahrensymbole schwarz auf orangegelbem Hintergrund.

T+

1.

a. Todeszone ☐
b. explosionsgefährlich ☐
c. sehr giftig ☐

T

2.

a. leichtentzündlich ☐
b. giftig ☐
c. Friedhof ☐

Xn

3.

a. ätzend ☐
b. Bahnübergang ☐
c. mindergiftig ☐

Xi

4.

a. Fahrbahnmarkierung ☐
b. reizend ☐
c. leichtentzündlich ☐

Die Lösungen zu den Quizfragen 1 bis 9 finden Sie im Anschluß an das Quiz